U0515630

海上絲綢之路基本文獻叢書

西域南海史地考證譯叢四編

馮承鈞 譯

文物出版社

圖書在版編目（CIP）數據

西域南海史地考證譯叢四編 / 馮承鈞譯. -- 北京 :
文物出版社, 2022.7
（海上絲綢之路基本文獻叢書）
ISBN 978-7-5010-7640-6

Ⅰ. ①西… Ⅱ. ①馮… Ⅲ. ①西域－歷史地理－研究
Ⅳ. ①K928.62

中國版本圖書館 CIP 數據核字（2022）第 099039 號

海上絲綢之路基本文獻叢書

西域南海史地考證譯叢四編

譯　　者：馮承鈞
策　　劃：盛世博閱（北京）文化有限責任公司

封面設計：鞏榮彪
責任編輯：劉永海
責任印製：蘇　林

出版發行：文物出版社
社　　址：北京市東城區東直門内北小街 2 號樓
郵　　編：100007
網　　址：http://www.wenwu.com
經　　銷：新華書店
印　　刷：北京旺都印務有限公司
開　　本：787mm×1092mm　1/16
印　　張：10.375
版　　次：2022 年 7 月第 1 版
印　　次：2022 年 7 月第 1 次印刷
書　　號：ISBN 978-7-5010-7640-6
定　　價：90.00 圓

總緒

海上絲綢之路，一般意義上是指從秦漢至鴉片戰争前中國與世界進行政治、經濟、文化交流的海上通道，主要分爲經由黄海、東海的海路最終抵達日本列島及朝鮮半島的東海航綫和以徐聞、合浦、廣州、泉州爲起點通往東南亞及印度洋地區的南海航綫。

在中國古代文獻中，最早、最詳細記載『海上絲綢之路』航綫的是東漢班固的《漢書·地理志》，詳細記載了西漢黄門譯長率領應募者入海『齎黄金雜繒而往』之事，書中所出現的地理記載與東南亞地區相關，并與實際的地理狀况基本相符。

東漢後，中國進入魏晋南北朝長達三百多年的分裂割據時期，絲路上的交往也走向低谷。這一時期的絲路交往，以法顯的西行最爲著名。法顯作爲從陸路西行到印度，再由海路回國的第一人，根據親身經歷所寫的《佛國記》（又稱《法顯傳》）一書，詳細介紹了古代中亞和印度、巴基斯坦、斯里蘭卡等地的歷史及風土人情，是瞭解和研究海陸絲綢之路的珍貴歷史資料。

隨着隋唐的統一，中國經濟重心的南移，中國與西方交通以海路爲主，海上絲綢之路進入大發展時期。廣州成爲唐朝最大的海外貿易中心，朝廷設立市舶司，專門管理海外貿易。唐代著名的地理學家賈耽（七三〇～八〇五年）的《皇華四達記》記載了從廣州通往阿拉伯地區的海上交通『廣州通夷道』，詳述了從廣州港出發，經越南、馬來半島、蘇門答臘半島至印度、錫蘭，直至波斯灣沿岸各國的航綫及沿途地區的方位、名稱、島礁、山川、民俗等。譯經大師義净西行求法，將沿途見聞寫成著作《大唐西域求法高僧傳》，詳細記載了海上絲綢之路的發展變化，是我們瞭解絲綢之路不可多得的第一手資料。

宋代的造船技術和航海技術顯著提高，指南針廣泛應用於航海，中國商船的遠航能力大大提升。北宋徐兢的《宣和奉使高麗圖經》詳細記述了船舶製造、海洋地理和往來航綫，是研究宋代海外交通史、中朝友好關係史、中朝經濟文化交流史的重要文獻。南宋趙汝適《諸蕃志》記載，南海有五十三個國家和地區與南宋通商貿易，形成了通往日本、高麗、東南亞、印度、波斯、阿拉伯等地的『海上絲綢之路』。宋代爲了加强商貿往來，於北宋神宗元豐三年（一〇八〇年）頒佈了中國歷史上第一部海洋貿易管理條例《廣州市舶條法》，并稱爲宋代貿易管理的制度範本。

元朝在經濟上採用重商主義政策，鼓勵海外貿易，中國與歐洲的聯繫與交往非常頻繁，其中馬可·波羅、伊本·白圖泰等歐洲旅行家來到中國，留下了大量的旅行記，記録元代海上絲綢之路的盛况。元代的汪大淵兩次出海，撰寫出《島夷志略》一書，記録了二百多個國名和地名，其中不少首次見於中國著録，涉及的地理範圍東至菲律賓群島，西至非洲。這些都反映了元朝時中西經濟文化交流的豐富内容。

明、清政府先後多次實施海禁政策，海上絲綢之路的貿易逐漸衰落。但是從明永樂三年至明宣德八年的二十八年裏，鄭和率船隊七下西洋，先後到達的國家多達三十多個，在進行經貿交流的同時，也極大地促進了中外文化的交流，這些都詳見於《西洋蕃國志》《星槎勝覽》《瀛涯勝覽》等典籍中。

關於海上絲綢之路的文獻記述，除上述官員、學者、求法或傳教高僧以及旅行者的著作外，自《漢書》之後，歷代正史大都列有《地理志》《四夷傳》《西域傳》《外國傳》《蠻夷傳》《屬國傳》等篇章，加上唐宋以來衆多的典制類文獻、地方史志文獻，集中反映了歷代王朝對於周邊部族、政權以及西方世界的認識，都是關於海上絲綢之路的原始史料性文獻。

海上絲綢之路概念的形成，經歷了一個演變的過程。十九世紀七十年代德國地理學家費迪南・馮・李希霍芬（Ferdinad Von Richthofen，一八三三～一九〇五），在其《中國：親身旅行和研究成果》第三卷中首次把輸出中國絲綢的東西陸路稱爲『絲綢之路』。有『歐洲漢學泰斗』之稱的法國漢學家沙畹（Édouard Chavannes，一八六五～一九一八），在其一九〇三年著作的《西突厥史料》中提出『絲路有海陸兩道』，蘊涵了海上絲綢之路最初提法。迄今發現最早正式提出『海上絲綢之路』一詞的是日本考古學家三杉隆敏，他在一九六七年出版《中國瓷器之旅：探索海上的絲綢之路》中首次使用『海上絲綢之路』一詞；一九七九年三杉隆敏又出版了《海上絲綢之路》一書，其立意和出發點局限在東西方之間的陶瓷貿易與交流史。

二十世紀八十年代以來，在海外交通史研究中，『海上絲綢之路』一詞逐漸成爲中外學術界廣泛接受的概念。根據姚楠等人研究，饒宗頤先生是華人中最早提出『海上絲綢之路』的人，他的《海道之絲路與昆侖舶》正式提出『海上絲路』的稱謂。選堂先生評價海上絲綢之路是外交、貿易和文化交流作用的通道。此後，大陸學者馮蔚然在一九七八年編寫的《航運史話》中，使用『海上絲綢之路』一詞，這是迄今學界查到的中國大陸最早使用『海上絲綢之路』的人，更多地限於航海活動領域的考察。一九八〇年北京大學陳炎教授提出『海上絲綢之路』研究，并於一九八一年發表《略論海上絲綢之路》一文。他對海上絲綢之路的理解超越以往，且帶有濃厚的愛國主義思想。陳炎教授之後，從事研究海上絲綢之路的學者越來越多，尤其沿海港口城市向聯合國申請海上絲綢之路非物質文化遺産活動，將海上絲綢之路研究推向新高潮。另外，國家把建設『絲綢之路經濟帶』和『二十一世紀海上絲綢之路』作爲對外發展方針，將這一學術課題提升爲國家願景的高度，使海上絲綢之路形成超越學術進入政經層面的熱潮。

與海上絲綢之路學的萬千氣象相對應，海上絲綢之路文獻的整理工作仍顯滯後，遠遠跟不上突飛猛進的研究進展。二〇一八年厦門大學、中山大學等單位聯合發起『海上絲綢之路文獻集成』專案，尚在醞釀當中。我們不揣淺陋，深入調查，廣泛搜集，將有關海上絲綢之路的原始史料文獻和研究文獻，分爲風俗物産、雜史筆記、海防海事、典章檔案等六個類別，彙編成《海上絲綢之路歷史文化叢書》，於二〇二〇年影印出版。此輯面市以來，深受各大圖書館及相關研究者好評。爲讓更多的讀者親近古籍文獻，我們遴選出前編中的菁華，彙編成《海上絲綢之路基本文獻叢書》，以單行本影印出版，以饗讀者，以期爲讀者展現出一幅幅中外經濟文化交流的精美畫卷，爲海上絲綢之路的研究提供歷史借鑒，爲『二十一世紀海上絲綢之路』倡議構想的實踐做好歷史的詮釋和注脚，從而達到『以史爲鑒』『古爲今用』的目的。

凡例

一、本編注重史料的珍稀性，從《海上絲綢之路歷史文化叢書》中遴選出菁華，擬出版百册單行本。

二、本編所選之文獻，其編纂的年代下限至一九四九年。

三、本編排序無嚴格定式，所選之文獻篇幅以二百餘頁爲宜，以便讀者閱讀使用。

四、本編所選文獻，每種前皆注明版本、著者。

五、本編文獻皆爲影印，原始文本掃描之後經過修復處理，仍存原式，少數文獻由於原始底本欠佳，略有模糊之處，不影響閱讀使用。

六、本編原始底本非一時一地之出版物，原書裝幀、開本多有不同，本書彙編之後，統一爲十六開右翻本。

目録

西域南海史地考證譯叢四編　馮承鈞　譯　民國二十九年商務印書館排印本……………一

西域南海史地考證譯叢四編

西域南海史地考證譯叢四編

馮承鈞 譯

民國二十九年商務印書館排印本

馮承鈞譯

西域南海史地考證譯叢四編

商務印書館發行

馮承鈞譯

西域南海史地考證譯叢四編

中華教育文化基金董事會編譯委員會編輯

商務印書館發行

目錄

莎兒合黑塔泥……一
漢明帝感夢遣使求經事考證……十九
秦漢象郡考……五十三
唐代安南都護府疆域考……五十九
李陳胡三氏時安南國之政治地理……一百九
安南省道沿革表……一百三十一

西域南海史地考證譯叢四編

莎兒合黑塔泥

Le vrai nom de Seroctan, par Paul Pelliot.

見一九三二年通報四三至五四頁　伯希和撰

成吉思汗系的帝國、先由窩闊台(Ögötäi)系統治、後在一二五〇至一二五一年的大會中、移轉於成吉思汗第四子拖雷(Tului)的後人、這種發生很大結果的變化、要出拖雷的寡婦之策謀、這個寡婦是一個信奉基督教的克烈(Kéraït)部人、也就是大汗蒙哥(Mongka)、忽必烈(Khubilai)同在波斯建設蒙古朝的旭烈兀(Hülägü)三人的母親、普蘭迦賓(Plan Carpin)行記通行本中所著錄的Seroctan、就是此人。

世人對於這個拖雷寡婦的名稱寫法各別、從德景（De Guignes 匈奴史第三冊八七頁）的 Sarkoutna beghghelan 一直到剌威兒迪(Raverty, Tabakāt-i-nāsirī,1092)的 Siūr Kūkībī Bīgī 同伯羅濃(Blochet 蒙古史緒言一六五頁)的 Siyourkho-khataiïtai 我在一九一四年通報六二八頁中曾寫作 Soyorghakhtanibägi、現在我以爲可以更進一步討論這件問題、分析此名中的種種元素。

伯羅濃所言剌失德丁（Rašīdu-'d-Dīn）書中此名尾之 beki 或 begi 是太后(tai-qu)之轉一說是不對的、這個別乞(beki, bäki)同別吉(begi, bägi)稱號的沿革、同價値固然可以討論、可是我們今日熟知這是男子同女子名後的一種稱號。**註一**

註一　可參考一九三一年通報二三一頁兀剌的米兒綽夫（Vladimircov）考證的節錄、他將男人所用的名號別乞同妃主所用的名號別吉分開、這一說惟一可駁之點、則在十四世紀時元朝祕史的譯人曾兩次譯作別乞、而別吉從未一見。

這個別吉的稱號、並不與本名合而爲一、所以許多載籍未曾著錄這個稱號、至若本名、我們可以將古籍所著錄的臚列於下。

(一)元朝祕史漢文譯寫蒙文本第一八六則、作莎兒合黑塔泥別乞、根據此書的譯例、可以還原作 Sorqakhtani-bäki (Sorghaqtani-bäki)。註二

註二　前幾年在蒙古發現的一部晚寫的元朝祕史蒙文寫本、不幸已佚其半、我們所引的這個部份、就在佚文之中、我們對於元朝祕史漢文譯字所應注意者、「合」字旁註「中」字的、常讀若今讀之「哈」、「哈」至在其他譯寫不甚謹嚴的譯文中、這個「合」字有時作「哈」、有時作「合」、(仍讀若「哈」、)從來未見用「合」字譯寫 ho 音之例。

(二)元史卷三本紀作唆魯利帖尼、卷一〇六后妃表作唆魯忽帖尼、卷一一六列傳作唆魯帖尼、列傳的譯名必脫一字、根據前二譯名、可以還原作 Sorghoqtäni 同 Sorghuqtäni。

(三)普蘭迦賓行記(一二四六年撰)d'Avezac 本(六六六頁)作 Seroctan、這種寫法業經 Vincent de Beauvais 同缺第九章的普蘭迦賓行記諸本證其不誤、註三 但是 Cambridge 刊行的 Corpus Christi College 本、是現在的惟一全本、

乃將此名寫作 Sorocan、必是由 Soroctan 訛爲 Soroccan、一再傳寫之誤。註四普蘭迦賓將此名寫作 Sorcctan、頗有其可能、我們很想知道尚未校對的 Wolfenbüttel 本作何寫法。註五

註三 我在 Vincent de Beauvais 的寫本中、尚未檢出別種寫法、可是在一四八三年 Nuremberg 刊本、一六二四年 Douai 刊本同 Hakluyt 所用的刊本、皆作 Soroctan。

註四 Leide 寫本(d'Avezac 的 Pétau 寫本)就是 Cambridge 本的一種抄本、此名在 Cambridge 本中作 Sorocan、這種寫法必爲訛寫、應採用 Seroctan 或 Soroctan 的寫法。

註五 關於這部寫本者、可參考 Van Den Wyngaert, Sinica Franciscana 第一册五七七頁。

(四)斡兒別良(Etienne Orbélian)於蒙哥在位時代兩至和林(Karakorum)、第一次且在拖雷的寡婦生前、他寫其名作 Surakhthambēk 註六 大約是蒙古語的語尾韻母有不發聲的習慣、他想記錄的名稱、應讀若 Surakhtani-bēki 者、乃因前一 i 字之失音、而使 n 與 b 相接觸、由是 n 遂顎音化而成爲 m 了。

註六　可參考聖馬兒丹(Saint-Martin)撰阿美尼亞(Arménie)記第二冊一三四頁、一三五頁、同二八〇頁、伯羅賽(Brosset)撰昔溫尼(Siounie)史二三〇頁、(其中 Sourakhtenbek 名中之第一 e 字是印刷之誤)帕忒迦諾夫(Patkanov)撰蒙古史第一冊三九同八五頁、(其八五頁附註中 Surakhtanbek 名中之 n 也是印刷之誤)聖馬兒丹並說「其他阿美尼亞撰人」名此王妃曰 Sorkoudan、可是未指明出處、據我所見的那些阿美尼亞古籍、並未見有此名。

(五)朮外尼(J̌uwainī)也曾到過和林、米兒咱摩訶末汗(Mírzá Muḥammad Khān)所刊布的朮外尼書、大致寫此名作 Sorquyatai-begi、僅在第二冊二一九頁中寫作 Begi-Sorquqïtai、註七 可是根據原寫本、此名的名尾實作 -tani、此外朮外尼書對於第一綴音不著韻母、綜觀那些寫本、好像除開一處作 Begi-Sorquqtani 外、其餘似皆作 Sorqutani-begi、從這些寫本看起來、在朮外尼生前似已有兩種寫法、可是他常寫的疑是 Sorquqtani。

註七　朮外尼書也常省稱之曰 Begi、(第一冊二〇六頁、二一一頁、二二〇頁、第二冊二五〇至二五六頁、第三册(尙未刊布)三至九頁、)有一次僅錄本名(第一册八四頁、)可是最常見的、則在本名之後附以 begi 之號、同元朝祕史的例子一樣、這倒是一種通例、至若第二册二一九頁將 begi 列在名前的寫法、可以說是我所見的一個孤例。

(六)把兒赫不烈思(Bar Hebraeus)書中的蒙古史、大致可說幾盡取材於朮外尼書、他的「朝代史」(Pococke 本四七三頁)中所著錄的阿剌壁語名、而經譯人 Bauer 譯寫作 Sarcutna Bigi 者、顯應從朮外尼書改作 Sorqutani-begi、註八 如此看來、把兒赫不烈思所採用的朮外尼書一種寫本、在 t 之前已經無 q 的寫法了、他在「西利亞紀年」(Bruns 本四九二頁、譯本五〇八頁)中亦用同一寫法、曾用西利亞文寫作 Srqutni-bgi、譯人又轉寫爲 Sarkutani Begi、諸寫本在 s 同 t 之上固然註有 a 字、可是這樣位置韻母、不應作準、如果他有根據、我們將承認他採用的那部朮外尼書寫本名首應作 săr- 而不作 sŏr-、可是我不信有這種寫法、這些韻母符號之加入、好像是出於武斷的。註九

註八　一八九〇年 Salhani 在 Beyrout 所刊布的朝代史、我雖未見、其寫法顯然相同、至若 Risch

在 Johann de Plano Carpini 一四〇頁中所譯寫的 Surukuteni、毫無理由。

註九 一八九〇年 Bedjan 神甫的刊本惜未能見、巴兒脫德(Barthold)在 Zapiski VOIRAO 第二十三冊七頁中、曾憑藉把兒赫不烈思這種西利亞語的寫法、主張 Sarkutani 一名之是、他以為把兒赫不烈思不僅根據回教著作知道這個信奉基督教的王妃名稱、尚別有所本、其實他錯了、這種寫法也是本於朮外尼書的、巴兒脫德引證這種西利亞語的寫法者、目的蓋在主張名尾 -tani 之是、而駁伯希和之說之非、在此點上頗有理由、其實他本人所採用的名稱是 Surkhuktani-biki、在第一綴音中用唇音韻母、距離眞相並不甚遠、也伯希和在蒙古史第二冊八九頁中業已轉錄西利亞語寫法、可是轉錄錯誤。

(七)剌失德丁書的刊行人寫法皆不一致、迦特兒邁兒(Quatremère)(八五頁八六頁九〇頁)寫作 Siourkoukiti-beighi、別烈津(Berezin)寫作 Surkhuqtaï-bige、並以為此名是本於蒙古語 sorgha(此言求學識)的 (Trudy VOIRAO 第五冊二六一頁、)他並想到蒙古語中 sorghoq(此言禁止)一字、然因撒難薛禪(Sanang Secen) 書的寫法第二綴音中用 a 韻母、遂將此說撇開、後來根據元朝祕史、又將從前譯寫的名稱改作 Surkhuktemi-bige（Trudy 第十三册二二八頁、）伯羅灑在他的蒙古史緒言（一六五頁）中寫作 Siyourkhokhataïtaï、乃在蒙古史刊本中（特別在八九頁及三五一頁附註中）所採錄的波斯語名、似應讀若 Siyurquqtaitai-begi、可是在此處根據諸寫本並比較其他的來源也應改其名尾作 -tani、至若這個名稱的其餘部份、在剌失德丁書中有兩個異點、（一）剌失德丁始終寫作 -quqtani、乃在朮外尼書中除開一種變例外、皆作 -qutani、（二）剌失德丁在發音的 s 之後、加入一 i、這倒是一種嚴重難題、考迦特兒邁兒函買兒 (Hammer-Purgstall)（比方伊勒汗史第二册五三二頁、）多桑 (d'Ohsson)（比方多桑書第二册二五二頁）剌威兒迪諸氏之書、皆在 s 後著錄有 i、但是在額兒德曼 (Erdmann, Vollständige Uebersicht, 136) 書中沒有這種寫法、尤其在別列津所採用的七部寫本中、名首皆作 sor-、伯羅灑在他所刊行的剌失德丁書中不幸未將諸本的別寫裒輯、以供勘對、我們很想知道這些抄本中的第一綴音、是否始終皆是 soyur-、我對於這種名首的假定、後此別有說。

（八）根據迦特兒邁兒書（八六頁、）迷兒晃的 (Mirkhond) 寫此名作 Sorquq-tani-bägi、如此看來、s 之後無 i。

（九）阿不哈郎 (Abū-'l-Ghāzi) 書（戴邁宗 Desmaisons 本四四頁一四五頁）兩錄此名、前一名戴邁宗寫作 Soyurquqtai-begi、後一名寫作 Sorquqtaï-begi、兩名之下既無附註、又未著錄別寫、他在譯本（四五頁及一五三頁）中又寫作 Sourqouqtaï Bigué 同 Sourqouqti-Bigui、校訂翻譯如此淺陋、顯然不足爲據、而迦章 (Kazan) 城的較古刊本我未能見、不知如何寫法。

（十）蒙古人撒難薛禪在一六六二年將此名寫作 Sorkha-tai begi tayighu、末一字當然是漢語「太后」的譯音、(Schmidt 本一一二及一一三頁、）但是十八世紀漢譯題曰蒙古源流的那一本撒難薛禪書所根據的原本寫法又有不同、好像原名是 Suraqtai-bäki、十八世紀的譯人對於第一個韻母作 u 或作 o 當然已無從辨別、可是祇須略爲變改、將 -kha-tai（或 -qa-tai）改作 -aq-tai、這兩個同名異譯就不難一致了、如果原名是作一字整寫的、則並且勿須這種變改、原名或是如此寫法、註十 我以爲不必認爲 Sorqa- 之必是、而 Soraq- 之必非、後對此別有說、所應注意者、譯人對於此點雖然無有一種傳說可據、可是他們採用別乞 (baki) 的寫法、同十四世紀的元朝祕史寫法一樣、而不採用兀剌的米兒綽夫所認定唯一正寫的別吉 (bägi, begi)（反之元史對於女人的名稱大致適用別吉、）復次尚應注意者、撒難薛禪書所代表的、固是一類別種傳說、可是書中訛誤的名稱不可以數計、其中唯一的要點、就是此書將第二綴音用的韻母寫作 a、同元朝祕史一樣、好像我們近在蒙古發現的那部不全的元朝祕史寫本、在是時尚未缺佚。

註十 我的說話假定是漢譯直接根據蒙文而言、如果中間有一種滿文譯本作仲介（參考 Asia Major 第七冊四七八頁 W. Fuchs 之說、）我對於漢譯人之說在實際上將可適用於滿譯人。

由是觀之、根據十三世紀的最古本、這個拖雷寡婦的名稱、其名首或作 Sorghaq-、或作 Sorghoq-、或作 Soyurqaq-、可是其名尾必是 -tani 無疑、這種名尾迄今尚未有人解釋過、所以世人對之未敢決然採用、其實相類之例可以引證者不少、茲引數例如下。

（一）元史卷一〇六后妃表、有兩個皇后皆名乞里吉忽帖尼、一個是太宗窩闊台的三皇后、一個是成宗鐵穆耳完澤篤（Tämür Öljäitü）的一個皇后、考剌失德丁書、窩闊台諸后妃中無此名、而鐵穆耳完澤篤的后妃表、除元史的后妃表外、未在他書見過、觀此兩名之相同、加以元史這些表錄不無舛誤、或者是一人兩見、但是這種情形並不損這個名稱本身之價值、其對稱好像是 Kirgighutäni（<Qïrghïghutanï）或 Kirgighuqtäni（<Qïrghïghuqtanï）。

（二）剌失德丁曾著錄有一個克烈部的女人、是朵忽思哈敦（Doquz-khatun）的姪女、先爲旭烈兀之妾、後爲阿八哈（Abaqa）之妾、朵忽思哈敦死後、他承襲朵忽思哈敦之斡耳朵（ordu）、他本人死於一二九二年二月、迦特兒邁兒（九四及九五頁）名之曰 Tuqïtï、函買兒（第二冊五五四頁）名之曰 Tuqïnï、多桑（第三冊五五三頁）同別烈津（第五冊一〇〇頁）皆名之曰 Tuqtaï、但是額兒德曼（一三七頁）則名之曰 Tuqtanï、應以額兒德曼的寫法爲是、這就是瓦兒丹（Vardan）所信奉基督教的王妃 Tukhtani（見帕忒迦諾夫蒙古史第一冊二五頁）也是一二八八年接到教皇所致書的 Tuctani。註十一

註十一 參考沙波（Chabot）撰 Mar Jabalaha III 傳二〇四頁、沙波以爲 Touctai-khatoun 之外、別有一個王妃名曰 Toukdan, Touctan, Noukdan-khatoun（見索引二七七頁）並說這個 Touctan 是塔塔兒（Tatar）部人（九七頁及二〇三頁）其實他所說的也就是 Tuqtani、這個王妃並不是塔塔兒部人、實是克烈部人、函買兒在他的伊勒汗史中、也誤將 Tukini 同 Tuktïni 分爲二人（見索引）他所譯瓦撒夫（Waṣṣāf）書（二六二頁）也誤將寫本中的 Tuqtani 寫作 Takteni、所以 Howorth 書（第三冊三一二及三四九頁）中、Takteni 同 Tuktan 兩名並著。

(三)綽兒馬罕（Čormaghan）的妻子、在乞剌可思（Kirakos）書中寫作 Eltina-khatun（參考拙撰「蒙古人及教廷」五一頁）然在馬剌乞牙（Malakia）書中、則寫作 Altana-khatun、註十二 我很疑惑此名之眞在寫法是 Altanï-khatun、或 Ältäni-khatun。

註十二 帕忒迦諸夫蒙古史（一八七一年版）十一頁寫作 Altana、然在七四頁附註中又作 Altina。

（四）一三三八年虞集爲表揚系出欽察的燕帖木兒（Äl-tämür）之先世、所撰句容郡王世績碑、（見元文類卷二六、並參考元史卷一三八、）其中誌有十三世紀末年同十四世紀初年的幾個婦女名稱、一名太塔你（Taitani）、札只剌眞（Jăjirajin）也質言之札只剌（Jăjirat）部落的人、一名也先帖你（Äsäntäni）塔塔兒眞（Tatarjin）也質言之塔塔兒（Tatar）部落的人、一名月魯帖你（Ürüktäni）。

如上所引諸例、可見 -tani 或 -täni 是一種接尾詞、視字之種類而加於名稱之後、用以構成婦女之名稱者、因爲也里（Äl）禿黑（Tuq）泰（Tai）也先（Äsän）等類的名詞、構成不少人名的名首、（例如燕帖木兒 Äl-tämür、禿黑帖木兒 Tuq-tämür、泰不華 Tai-buqa 也先不花 Äsän-buqa 之類、）可以證之、但是十四世紀的譯人業已不復明瞭 -tani 同 -täni 之判別的本義、加之蒙古文字在這兩種寫法之間沒有判別、於是乎甚至在非顎音的寫法之後、也寫作 -täni 了、這或者是 -tani 之 i

疊讀的影響、此種婦女名稱的接尾詞、頗與十三世紀常用的 -lun (-lün) 相類。（如帖木侖 Tämülün、那莫侖 Nomolun、月倫 Ö'älün 之類。）

我對於這個婦女名稱的接尾詞 -tani 之起源、尚無定見、考男女性之分別、在中世蒙古語中尚屬顯明、然在現代蒙古語中業已消滅、從前的「二」字、視男女各異、二男之二則曰 qoyar、二女之二則作 ǰirin、女名之接尾詞用 -ǰin 的很多、刺失德丁書中已見著錄、當時用顏色作婦女名稱者尾上照例皆作 -qčin、同現在牝獸皮毛顏色名稱一樣、或者在過去時之 -ba 同 -bi 兩種寫法中、留有分別男女性之痕跡、總之、在元朝祕史中對於男人尚用 -tu (-tü)、對於女人尚用 -tai (-täi) 兩個接尾形容詞、現代的蒙古語中固然不復有此類判別、但其對於所保存之幾個具有尊嚴性質的名稱、尚留有判別的痕跡、所以「皇帝的」作 sutu、「皇后的」作 sutai、男聖者作 Khutukhtu、女聖者作 Khutukhtai、關於 -tani (-täni) 者、世人可以猜想就是接尾形容詞 -tai (-täi) 的古寫、但是這兩種接尾詞在同一時代並存、則若斷言他是方言的遺跡、未免尚早。

拖雷寡婦的名稱、我們既然確定末尾的別吉是一種尊號、與本名並不合而爲一、至若 -tani、乃是女名的接尾詞、所餘者此名之第一部份、這一部份解釋較爲困難。若用 Siyurghuq 的讀法、似不可能、一方面因爲這種讀法在刺失德丁時代應該轉爲 Šiyurghuq 了、又一方面突厥語動詞中有一字作 suyurgha- 抑作 soyurgha- 者、註十三 在蒙古語中亦見有之、其義若曰「施恩惠於」、從此動詞中轉出的蒙古語名詞作 soyurghal(>soyorghal) 猶言「恩惠」、業已移植於察合台語(Jaghatai)中、註十四 Codex Comanicus (一一〇四頁 soyurgal) 已見著錄、考中世紀有個常用的突厥語人名、曰 Soyurghatmïš、註十五 其寫法對於名首兩個韻母大致不同、或竟不著錄韻母、而對於第一綴音中之o常不著錄、刺失德丁書中所誌拖雷寡婦的名稱、自迦特兒邁兒以來所常譯寫者、祇能代表 Soyurquqtani=Soyurghuqtani 的對音、我因爲相信伯羅灑刊本中所著錄的名稱同刺失德丁諸寫本中所著錄的大致一樣、又因爲注意元朝祕史所著錄之 Sorghaqtani 名稱中之前一字、所以我從前將此名還原作 Soyorghakhtani-bägi。

註十三 參考一九三〇年通報三〇二至三〇三頁、又「蒙古人及教廷」一六六頁、此字在 Codex Comanicus（二一五頁）中、過去時的寫法作 soyurgadi、

註十四 就中可參考一四六九年八不兒（Babur）父烏馬兒瀧黑（Omar Šeikh）的文狀、見 Zapiski VOIRAO 第十六册一一頁。

註十五 鈞案元史卷一二四之鎖咬兒哈的迷失即其對音。

我現在頗懷疑此名之非因爲發聲的 s- 之後有 -i-、在朮外尼書同斡兒別良書中皆無此種寫法、就是在不少剌失德丁寫本中、亦不見有這個 -i- 字、其消滅之理頗難解釋、或者原無此 -i-、乃因受了 Soyurghatmïš 等類名稱之影響而增加、亦未可知也。除開此 -i- 不計外、所餘者尚有元朝祕史之 Sorghaqtani、諸回教撰述中之 Sorghuqtani（或 Sorghoqtani）同 Soruqtani（或 Soroqtani）、斡兒帛良書之 Surakhthambēk、普蘭迦賓書之 Seroctan 或 Soroctan、撒難薛禪書之 Sorkhatai 或 Sorakhtai、案普蘭迦賓斡兒帛良二書、或者加入朮外尼書（把兒赫不烈思所轉錄者）其中 r 後 -gh- 聲母之脫落、疑是本於方言發音之各別、朮外尼書同普蘭迦賓書有

些名稱相同、而這些名稱皆非出於古蒙古語者、比方蒙古語之拙赤 (J̌öči)、在此二書中寫作 Tösi, Tossue (此字末尾之 -e 是受了 Tossuccan 寫法之影響、) 可以證也、撒難薛禪書的情形或者不同、此 -gh- (或 -q-) 之脫落、疑是書寫時應寫五鈎者、脫落二鈎所致、至若第二綴音之韻母、撒難薛禪書證明元朝祕史所著錄的 -a- 之是、而此韻母亦並見於斡兒帛良書中、此外尚可引元史 (卷一〇九) 公主表中之唆兒哈罕 (Sorghaqan) 註十六 作旁證、此名顯然同我們所研究的名稱有其關係、我以為此名韻母之迭用、應是 Sorghaqtani 一名發音之遊移不定、所以使人躊躇於 Sorghaq 同 Sorghoq 兩種讀法之間。

註十六 此人是窩闊台女、然迄今在他書中未見著錄。

這個 Sorghaq 或 Sorghoq 之互用、我們在另一名稱中見之、元朝祕史著錄有一人、名莎兒合禿主兒乞 (Sorqatu J̌ürki)、此人在剌失德丁書中有時作 Sorqaqtu Yür-ki、有時作 Sorqoqtu Yürki、註十七 剌失德丁特著其義、以為此名猶言人身之痣、我們在蒙古語中不知有這個名詞、僅知痣的習用名稱是 mänggä、(參考一九三〇年通報二七七頁）、意者或如別烈津之說（Trudy 十三册一八二頁）、此字與蒙古語中之 sorbi（此言瘢痕）有其關係、後一字在阿勒台(Altaï)系幾種突厥方言中亦見有之(sorbi, sorba)、然此說祇能算爲一種假定、總而言之 Sorghaqtani 或 Sorghoqtani 好像就是 Sorghaqtu 的女性名稱、同 Sorghaqtai 的情形一樣、由是我們可以確定拖雷之妻同蒙哥忽必烈旭烈兀之母名稱、應讀若 Sorghaqtani-bägi>Sorghoqtani-bägi。

註十七　參考一九三〇年通報二〇〇頁、關於 Sorγoqtu Yürki 者、可檢別烈津書第十三册九四頁、及波斯文本一五二頁、別烈津在其譯文中寫作 Surkhatu-Yurki、可是他的那些寫本題作 Sorqoqtu=Sorghoqtu。

漢明帝感夢遣使求經事考證

Le songe et l'ambassade de l'empereur Ming. Etude critique des sources.

見遠東法國學校校刊一九一〇年刊　馬思伯樂撰

佛教輸入中國之傳說、已爲世人所熟知、當紀元一世紀中葉時、漢明帝夢見佛陀、乃遣使赴印度齎還經像、並偕印度沙門二人歸國翻譯經文、據云漢地之有沙門始於是時。

此種傳說已爲正史所收、久已承認其爲眞事、然近來因有若干新文之發現、由是其事發生眞僞問題、紀元初年佛教似已輸入中國、明帝之弟楚王英處已有伊蒲塞桑門之屬、則漢使要還漢地之沙門二人、不能謂爲初次至漢地之傳法沙門也、雖然、尙有若干著作家仍以傳說爲惟一史事、而以其他諸文毫無價値、由是觀之、尋究傳襲此說的諸文之源、並探討其所用者爲何種材料、實頗饒興趣也。

著錄此事之文不少、然自六世紀末年以後、所錄者皆不出舊文之範圍、所以余對於隋代以後諸文皆不採錄、而惟研究隋代以前諸文、此種材料或見於今日尚存的古籍之中、或屬於已佚之古籍而爲後來之著作所引者、兹按時代之先後列舉其目於下。

（一）四十二章經序、見出三藏記集卷七。

（二）牟子理惑論、見弘明集卷一。

（三）吳書原書已佚、其佚文現並見集古今佛道論衡卷一、續古今佛道論衡、法苑珠林卷五十五、釋家方志卷二。

（四）化胡經、原書已佚（敦煌石室發現有殘本）其文廣弘明集卷九引之。

（五）後漢紀卷十。

（六）後漢書卷一百一十八。

（七）冥祥記、原書已佚、其引文見集神州三寶通錄卷中。

（八）出三藏記集卷二。

（九）高僧傳卷一。

(十)水經注卷十六。

(十一)洛陽伽藍記卷四、津逮祕書本。

(十二)漢法內傳原書已佚、其佚文見續古今佛道論衡並見古今佛道論衡、卷一、廣弘明集卷一、法苑珠林卷十八、卷四十、卷一百。

(十三)魏書卷一百一十四。

右錄書名當然不能包括唐代以前著錄、此種傳說之古籍、其原書全佚者不在少數(伯希和在校刊卷六曾據事物記原引有著錄此事之鄴城舊事一書、此書未詳爲何時人撰、別有一書名建康實錄、至德(七五六至七五八)時人許嵩撰、其中述康僧會事、曾隱喻此事、其文錄自高僧傳卷一、惟略爲緣飾耳、(可參照太平御覽卷六五三、))所以今存書錄之最古者、祇有出三藏記集、然此錄以前有一五世紀之經錄、著錄四十二章經、高僧傳摩騰法蘭兩傳、亦含有來源未詳之事蹟、現存諸文之研究、行將證明此種散佚爲數雖多、然不足以大影響於此研究之結果也。

一　四十二章經序

四十二章經相傳爲中國最初譯出之佛經、舊以其譯人爲摩騰法蘭、姑勿論其事之眞假、此經要爲一種極古之經、後漢書卷六十下襄楷傳一六六年楷所上書引有經中之語、而經名已見牟子理惑論中三世紀中支謙又有第二譯本（今佚、見歷代三寶記卷五。）

然經之眞不必證明其序之古吾人確知現存之經序五世紀末年業已有之、蓋已見出三藏記集卷六著錄也、則經序之撰年、應位置於二世紀與五世紀之間、今尙不能確定其年代、惟與其他諸文比較、大致可以上溯至於二世紀末年、其文如下。

「昔漢孝明皇帝夜夢見神人、身體有金色、項有日光、飛在殿前、意中欣然甚悅之、明日問羣臣、此爲何神也、有通人傅毅曰、臣聞天竺有得道者號曰佛、輕舉能飛、殆將其神也、於是上悟、卽遣使者張騫、羽林中郎將秦景（秦景未詳爲何許人、惟紀元前一年漢哀帝之遣使或名秦景、或名景憲、三國志引魏略及六世紀末年之魏書歷代三寶記、概名之曰景憲、七世紀時之法苑珠林釋迦方志亦同、然隋書及辯正論則明之曰秦景、未詳孰是、）博士弟子王遵（後漢書卷四十三有上郡太守子霸陵王遵、然其人在明帝遣使前四十年時、似非此人、又考後漢書卷一下有一紀元三十年爲樂浪太守之王遵、又卷十一、七十六年有一爲敦煌太守之王遵、似亦非其人、）等十二人至大月支國寫取佛經四十二章、在十四石函中登起立塔寺、於是道法流布、處處修立佛寺、遠人伏化、願爲臣妾者不可稱數、國內清寧、含識之類蒙恩受賴、於今不絕也。」

二　牟子理惑論

此書爲一種用問答式辨解教義之書、其撰年不詳、伯希和君擬其爲紀元二世紀末年作品、緣原序隱喻有若干時代極明之事跡也、茲錄其文於下。

「牟子既修經傳、諸子書無大小靡不好之、雖不樂兵法、然猶讀焉、雖讀神仙不死之書、抑而不信、以爲虛誕、是時靈帝崩後（一八九、）天下擾亂、獨交州差安、（此交州得爲交阯太守士燮所治之郡治、亦得爲刺史所治之南海、漢末交州約當今之廣東廣西北圻及安南北部、）北方異人咸來在焉、多爲神仙辟穀長生之術、時人多有學者、牟子常以五經難之、道家術士莫敢對焉、比之於孟軻距楊朱墨翟、先是時牟子將母避世交阯、年二十六歸蒼梧（今梧州）娶妻、太守聞其守學、謁請署吏、時年方盛、志精於學、又見世亂、無仕官意、竟遂不就、是時諸州郡相疑、隔塞不通、太守以其博學多識、使致敬荊州（今湖北南部、湖南北部、時劉表爲荊州牧）牟子以爲榮爵易讓、使命難辭、遂嚴當行、會被州牧（交州牧也）優文處士辟之、復稱疾不起、牧弟爲豫章太守、爲中郎將笮融所殺、時牧遣騎都尉劉彥（其名見三國志吳志卷八薛綜傳）、將兵赴之、恐外界相疑、兵不得進、牧乃請牟子曰、弟爲逆賊所害、骨肉之痛、憤發肝心、當遣劉都尉行、恐外界疑難、行人不通、君文武兼備、有專對才、今欲相屈之零陵（今永州）桂陽（今郴州）假途於通路何如、牟子曰、被秣伏櫪、見遇日久、列士忘身、期必騁効、遂嚴當發、會其母卒亡、遂不果行、久之退念、以辯達之故、輒見使命、方世擾攘、非顯己之秋也、乃歎曰、老子絕聖棄智、修身保眞、萬物不干其志、天下不易其樂、天子不得臣、諸侯不得友、故可貴也、於是銳志於佛道、兼研老子五千文、含玄妙爲酒漿、翫五經爲琴簧、世俗之徒、多非之者、以爲背五經而向異道、欲爭則非道、欲默則不能、遂以筆墨之間、略引聖人之言證解之、名曰牟子理惑云。」

序中所言之事可以考訂其時期、笮融爲一已識之人、伯希和已據後漢書（卷一〇三）陶謙傳將其起浮圖事譯出（校刊第六册、）豫章太守被殺事、三國志（吳志卷四）劉繇傳所誌較後漢書爲詳、茲比較序文及史傳、綜考其事、大致如下。

笮融者、丹陽（今屬鎮江）人、初聚衆數百、往依徐州牧陶謙、謙使督廣陵（今江都）下邳（今邳縣）彭城（今銅山）運糧、一九三年曹操擊謙、徐土搔動、次年融乃將男女萬口馬三千匹走廣陵、廣陵太守趙昱待以賓禮、融利廣陵貲貨、遂乘酒酣殺昱、放兵大掠、因以過江南奪豫章（今南昌）殺郡守朱皓、入據其城、按此豫章太守朱皓、應卽牟子理惑論序中所言交州刺史之弟、是時之交州刺史、應爲三國志（吳志卷八）薛綜傳所書之朱符、（傳云故刺史會稽朱符多以鄉人虞褒劉彥之徒分作長吏云云、其在任之年、廣東通志卷十謂據吳志在建安中、別言之、一九六至二二〇年之間、然吳志無此文、又引廣州府志謂在初平中、別言之、一九〇至一九五年之間、任朱符爲交州刺史、此年近似、然不知其何所本、總之、牟子理惑論序業已證明其在一九四及一九五年間已爲交州刺史、後爲張津逐而代之、至二〇一年津尙在位、）

符欲復弟仇、乃命劉彥將兵討融、考後漢書卷一〇一朱儁傳、一八一至一八四年間、朱符朱皓之父朱儁曾爲交州刺史、牟融是時或已將母避地交州、朱符之討笮融、必須假道零陵桂陽、乃請牟融往說二郡、劉彥之兵是否已行、吾人不知、牟融則因母死遂不果行。

同時笮融則敗於揚州刺史劉繇之手、考三國志（吳志卷一）孫策傳、劉繇爲揚州刺史、時策舅吳景爲丹陽太守、策從兄賁爲丹陽都尉、繇皆迫逐之、又（吳志卷四）劉繇傳、孫策東渡破繇兵、繇奔丹徒、遂泝江南保豫章、駐彭澤、笮融先至、殺太守朱皓入居郡中、繇進討融、爲融所破、更復招合屬縣、攻破融、融敗走、入山、爲民所殺。豫章太守朱皓之被殺、似在一九四年、最遲亦不過一九五年、是時牟子尚未皈依佛教、至是乃銳志於佛道、而撰牟子理惑論、第考此論之文、則證其撰時實甚晚也。細審理惑論第一則之文、可以見其所誌之佛本行、乃取之於太子瑞應本起經者、其中本名之譯寫方法皆同、如 Kanṭaka 馬名、亦寫作捷陟、與此經譯名同、至若前譯之修行本起經（鈞按、應是康孟詳共竺大力所譯之經、出經之年爲一九七年、）馬名則寫作鶱特、理惑論太子逃出之時作四月八日、是亦瑞應本起經所誌之月日、至若修行本起經則作四月七日、其最感興趣者、則在此種月日非印度月日之尋常的翻譯、而爲按照中國曆之一種計算、此種譯寫及月日固可出於二世紀末年康孟詳所出之太子瑞應本起經（今佚）然此種假定不能解說牟子與支謙所出太子瑞應本起經內容相同之理、蓋理惑論之佛本行有數語卽出此經也、茲舉其例如下、下文甲行爲理惑論之文、乙行爲瑞應本起之文、空白處乃爲兩本所删之文。

甲　其日王家青衣復產一兒、廐中白馬亦乳白駒。

乙　王家青衣亦生蒼頭、廐　生白駒、及黃羊子。

甲　奴字車匿、馬曰揵陟、王　嘗使隨太子。

乙　奴名車匿、馬曰揵陟、王後嘗使車匿侍從。

甲　年十七王爲納妃。

乙　太子至年十七王爲納妃。

甲　年十九四月八日夜　半　呼車匿　勒揵陟　跨之

鬼神扶舉飛而出宮　明日　廓然不知　所在。

乙　至年十九、四月八日、夜其過半、卽呼車匿、徐令被馬褰裳跨之、卽使鬼神捧舉馬足出宮城、明日宮中騷動、不知太子所在。

比較兩本之文、其見牟子節錄太子瑞應本起經之文、此經爲支謙在黃武年（二二二至二二八）間所出、則牟子理惑論之撰年、應移在黃武年後矣。

按此利用太子瑞應本起經之事、頗有關係、此經譯於吳時、吾人對於牟子、僅知其生存於中國之南端、其皈依佛教、似與最初傳教人及譯經人出現於揚子江南之事同時、而當時之佛教似由海道傳佈於其地、康僧會曾在交趾出家、或曾與牟子相見、則三世紀初年之交趾、必有僧衆信徒、卽不然在外國商人中必定有之、蓋受戒至少必須三人、而佈施必賴信徒也、準是以觀、其地應爲佛教傳佈之一中心。

牟子理惑論之存留於今者、乃賴五世紀末年僧祐之弘明集、而僧祐之文又採之於宋明帝時（四六五至四七三）陸澄所撰之法論、似在法論之前、不知有此文也、茲錄其文於下。

「問曰、漢地始聞佛道其所從出耶、牟子曰、昔孝明皇帝夢見神人、身有日光、飛在殿前、欣然悅之、明日博問羣臣、此爲何人、有通人傅毅曰、臣聞天竺有得道者、號之曰佛、飛行虛空、身有日光、殆將其神也、於是上悟、遣使者張騫（世說新語註引此文無張騫）羽林郎中秦景、博士弟子王遵等十二人、於大月支寫佛經四十二章、藏在蘭臺石室第十四間、時於洛陽城西雍門外起佛寺、於其壁畫千乘萬騎、繞塔三帀、又於南宮清涼臺及開陽城門上作佛像、明帝存時、預脩造壽陵、陵曰顯節、亦於其上作佛圖像、時國豐民寧、遠夷慕義、學者由此而滋。」

三　吳書

吳書爲吳主孫權敕撰之吳國正史、隋書經籍志謂爲韋曜撰、似略有誤、考三國志吳志卷八薛綜傳、卷二十韋曜華覈等傳、二五一年吳大帝命丁孚項峻始撰吳書、孚峻俱非史才、其所撰不足紀錄、至少帝時（二五二至二五七）更差韋曜周昭薛瑩梁廣華覈等五人共同撰立、備有本末、後昭廣先亡、曜被誅、僇瑩出爲將、其書委滯未成、覈乃舉瑩同撰、則撰吳書者非韋曜一人矣。

吳書原五十五卷、隋書經籍志僅著錄二十五卷、迄於宋時卷數似未減少、今日諸卷並佚、惟三國志後漢書文選等書引之。

吳書之成應在三世紀中第三二十五年之間、其時代之確定頗爲重要、蓋其中有一段言及晉惠帝（二九〇至三〇六）所建之寺、致不能不使人疑其非僞也、又一方面此文與漢法內傳極其相類、若所言之時代、所言之人名、如使臣道士之名皆同、甚至句文竟有完全相同者、則於利用之前必須審查兹二文是否彼出於此也、今據續集古今佛道論衡所引吳書之文節錄如下。

「吳主孫權問尙書令都鄉侯闞澤曰、漢明帝夢神遣中郎蔡愔等向西域尋訪佛教、至今可有幾年、闞澤對曰、從漢永平十年（六七）至赤烏四年（二四〇）合一百七十年、吳主曰、佛教入漢已久、何緣今始傳至江東、闞澤對曰、漢明帝永平十四年（七一）南嶽道士褚善信正朝之次、與諸山觀道士褚信同上一表、乞與西域法師迦葉摩騰竺法蘭等比校、爾時佛教初到洛陽、漢明帝始立白馬寺興聖寺、法師迦葉摩騰竺法蘭翻譯衆經、始從漢讀、道士未達正法深淺不知、上表乞與對驗明帝許之、至正月十五日、在白馬寺門南嶽諸道士設壇、將所學法名靈寶經置壇上放火焚之、當時以正法力故道士書典悉從火化、無有遺者、復作種種技術施用無効、諸道士等皆大慚恥、南嶽褚善信費叔才等在會中自憾而死、自餘道士明帝勅放還嶽、其時不預蘭法師說法者不得出家、爾時無人流布、後遭漢政凌遲、兵戈不息、是以佛法一百七十年中而不通。」

四　化胡經

化胡經三〇五至三一〇年間王浮撰、關於此經之沿革、可參考沙畹之魏略西戎傳箋註（一九〇五年通報、）及伯希和所撰諸文（一九〇二及一九〇六年河內校刊、）此經已佚、惟有十餘條散見五七〇年甄鸞撰之笑道論中（見廣弘明集卷九、）茲錄其文如下。

化胡經曰、迦葉菩薩云、如來滅後五百歲、吾來東遊、以道授韓平子、白日升天、又二百年以道授張陵、又二百年以道授建平子、又二百年以道授千室、（茲四人祇有張陵爲知名之人、其餘三人未詳、魏書卷一十九有朱建平、或即化胡經之建平子、）爾後漢末陵遲、不奉吾道、至漢明永平七年（六四）甲子歲星晝現西方、夜明帝夢神人長丈六尺、項有日光、旦問羣臣、傅毅曰、西方胡王太子成道佛號、明帝卽遣張騫等窮河源、經三十六國、至舍衛佛已涅槃、寫經六十萬五千言、至永平十八年（七五）乃還、臣笑曰、漢書云張陵者、後漢順帝時人、客學於蜀、入鵠鳴山爲虵所吞、計順帝乃明帝七世孫、理不在明帝之前百餘年也、又云明帝遣張騫尋河源者、此亦妄作、按漢書張騫爲前漢武帝尋河源、云何後漢明帝復遣尋耶、不知騫是何長壽仙乎、代代受使、一何苦哉、可笑其妄引也。

五 後漢紀

後漢紀袁宏撰、宏三二八至三七六年人、此書今本刊版最劣、茲參照後漢書勘正其文如下。

「初帝夢見金人長大、項有日月光、以問羣臣、或曰西方有神、其名曰佛、其形長大、陛下所夢得無是乎、於是遣使天竺、問其道術、遂於中國而圖其形像焉。」

六 後漢書

後漢書范曄（歿於四四五年）撰、其卷一百十八業經沙畹君譯出、題曰「後漢書之西域諸國」（一九〇七年通報）茲僅錄其關係佛教輸入之文如下。

「世傳明帝夢見金人長大、項有光明、以問羣臣、或曰西方有神名曰佛、其形長丈六尺、而黃金色、帝於是遣使天竺問佛道法、遂於中國圖畫形像焉、楚王英始信其術、中國因此頗有奉其道者、後桓帝好神、數祀浮圖老子、百姓稍有奉者、後遂轉盛。」

七　冥祥記

冥祥記、太原王琰撰、琰在幼稚、於交阯賢法師所受五戒、以觀音金像令供養、遂於四七九年奉還揚都、其像時見靈異、琰有感、乃輯像塔靈蹟而成斯記、此記今佚、僅見諸書引之、法苑珠林所錄尤夥、其漢明帝感夢事、則見釋道宣集神州三寶感通錄卷中、其文云。

「冥祥記云、漢明帝夢見神人、形垂二丈、身黃金色、項佩日光、以問羣臣、或對曰、西方有神、其號曰佛、形如陛下所夢、得無是乎、於是發使天竺、寫致經像、表之中夏、自天子王侯咸敬事之、聞人死精神不滅、莫不懼然自失、初使者蔡愔將西域沙門迦葉摩騰等齎優塡王畫釋迦倚像、帝重之、如夢所見也、乃遣畫工圖之數本、於南宮淸涼臺及高（應作開）陽門顯節陵上供養、又於白馬寺壁畫千乘萬騎繞塔三匝之像、如諸傳備載。」

八　出三藏記集

出三藏記集、僧祐撰、爲中國大藏現存經錄之最古者、南條目錄謂其撰於五二〇年似誤、蓋僧祐歿於天建十七年（五一八）十一月二十六日也（見高僧傳卷十一）、歷代三寶記謂其歿於齊建武中（四九四至四九八）、唐代諸經錄因之、此說亦難贊成、出三藏記集雖未題年月、然其卷二總敍中則明言「發源有漢、迄於大梁、運歷六代、歲漸五百」、卷二釋僧盛之教戒比丘尼法條下、著天監三年（五〇四）年號、卷十二法苑雜錄原始集目錄、又著有「皇帝天監五年（五〇六）四月八日樂遊大會記」一條、則其人在梁時（五〇二至五五七）尚存也、然其撰記最晚之年、亦不過五一五年、考歷代三寶記卷十一云、華林佛殿錄四卷、天監十四年（五一五）勅安樂寺沙門釋僧紹撰、紹略取祐三藏集記目錄、分爲四色、餘增減之云云、可見五一五年祐錄已成、又考僧伽婆羅於五一二年出阿育王經、未見祐錄著錄、則此記之成應在五〇六至五一二年之間矣、（鈞按出三藏記集卷七王僧孺慧印三昧及濟方等學二經序讚、內有天監十四年十月二十三日一語、似僧紹所錄乃其未成之稿、）四十二章經見祐錄卷二。

「四十二章經一卷、（原注、舊錄云孝明皇帝四十二章、安法師所撰錄闕此經、）右一部凡一卷、漢孝明帝夢見金人、詔遣使者張騫羽林中郎將秦景到西域、始於月支國遇沙門竺摩騰譯寫此經、還洛陽、藏在蘭臺石室第十四間中、其經今傳於世。」

九　高僧傳

攝摩騰傳　「攝摩騰本中天竺人、善風儀、解大小乘經、常遊化爲任、昔經往天竺附庸小國講金光明經、會敵侵境、騰惟曰、經云能說此法爲地神所護、使所居安樂、今鋒鏑方始、會是爲益乎、乃誓以忘身、躬往和勸、遂二國交歡、由是顯譽、逮漢永平中、明皇帝夜夢金人飛空而至、乃大集羣臣以占所夢、通人傅毅奉答、臣聞西域有神、其名曰佛、陛下所夢、將必是乎、帝以爲然、卽遣郎中蔡愔博士弟子秦景等使往天竺、尋訪佛法、愔等於彼遇見摩騰、乃要還漢地、騰誓志弘通、不憚疲苦、冒涉流沙、至乎雒邑、明帝甚加賞接、於城西門外立精舍以處之、漢地有沙門之始也、但大法初傳、未有歸信、故蘊其深解、無所宣述、後少時卒於雒陽、有記云、騰譯四十二章經一卷、初緘在蘭臺石室第十四間中、騰所住處、今雒陽城西雍門外白馬寺是也、相傳云、外國國王嘗毀破諸寺、唯招提寺未及毀壞、夜有一白馬繞塔悲鳴、即以啓王、王即停壞諸寺、因改招提以爲白馬、故諸寺立名多取則焉。」

竺法蘭傳　「竺法蘭亦中天竺人、自言誦經論數萬章、爲天竺學者之師、時蔡愔既至彼國、蘭與摩騰共契遊化、遂相隨而來、會彼學徒留礙、蘭乃間行而至、既達雒陽、與騰同止、少時便善漢言、愔於西域獲經、即爲翻譯、所謂十地斷結、佛本生、法海藏、佛本行、四十二章等五部、移都寇亂、四部失本、不傳江左、唯四十二章經今見在、可二千餘言、漢地見存諸經、唯此爲始也、愔又於西域得畫釋迦倚像、是優田王栴檀像師第四作、既至雒陽、明帝即令畫工圖寫、置淸涼臺中及顯節陵上、舊像今不復存焉、又昔漢武穿昆明池底、得黑灰、問東方朔、朔云、不知、可問西域胡人、後法蘭既至、衆人追以問之、蘭云、世界終盡、劫火洞燒、此灰是也、朔言有徵、信者甚衆、蘭後卒於雒陽、春秋六十餘矣。」

十　水經注

水經注、六世紀酈道元撰、下文見卷十六穀水條。

「穀水又南逕白馬寺東。」

「昔漢明帝夢見大人、金色項佩白光、以問羣臣、或對曰、西方有神名曰佛、形如陛下所夢、得無是乎、於是發使天竺、寫致經像、始以榆欓盛經、白馬負圖、表之中夏、故以白馬爲寺名、此榆欓後移在城內愍懷太子浮圖中、近世復遷此寺、然金光流照、法輪東轉、創自此矣。」

十一　洛陽伽藍記

洛陽伽藍記五卷、五四七年東魏楊衒之撰、卷四云。

「白馬寺、漢明帝所立也、佛入中國之始、寺在西陽門外三里御道南、帝夢金人長丈六、項皆日月光明、胡神號曰佛、遣使向西域求之、乃得經像焉、時白馬負經而來、因以爲名、明帝崩、起祇洹於陵上、自此以後、百姓冢上或作浮圖焉。」

十二　漢法內傳

漢法內傳爲記述釋道辯論之書、今佚、然其殘篇尙散見於七世紀諸纂集之中、此傳撰人未詳、撰年頗難考訂、其中所誌較古之年爲五二〇年、然亦可疑、集古今佛道論衡謂見後魏書、第檢今本魏書無其文、亦未見言有漢法內傳、疑爲僞書、唐時道家尹文操斥其是鳩摩羅什門徒妄造(見翻譯名義集卷三)、其實尙不能上溯至於斯時也、傳中所引之中玄步虛章乃見於元魏宣武帝時(五〇二至五一六)之道經、則此書之撰輯應在六世紀時矣。

漢法內傳之撰者、開始卽證明佛教優於道教、而想像一種釋道鬥法之事、道士不勝、並歸依佛法。

漢法內傳凡五卷、第一卷明帝求法品、第二卷請法師立寺品、第三卷與諸道士比校度脫品、第四卷明帝大臣等稱揚品、第五卷廣通流布品、其第一二卷殘存若干則、第三四五卷存文較長、茲據續集古今佛道論衡所輯之文轉錄如下、他書所輯節略而已。

「案漢法本內傳云、明帝永平年中、（五八至七五年、他本皆作永平三年、）夜夢見丈六金人光明特異色相無比、明帝寤不自安至旦大集羣臣以占所夢、通人傅毅奉答曰、臣聞西域有神、號之爲佛、陛下所夢、將必是之、國子博士王遵謹對曰、臣案周書異記云、周昭王時有聖人出在西方、太史蘇由對曰、所記一千年時聲教被及此土、陛下所夢必當是之、明帝信以爲然、卽遣中郎蔡愔與中郞將秦景博士王遵等十八人尋訪佛法、至天竺國、見沙門迦葉摩騰竺法蘭二人、秦景等乃求請之、摩騰二人誓志弘通、不辭疲苦、卽共景等、乃冒涉流沙至於洛陽、明帝大悅、甚尊重之、卽於洛陽西立精舍、卽今白馬寺是也、本白馬負經來、因以爲名、摩騰二人既至、翻譯衆經、二人爲漢地僧之始、經是漢地法之初、又釋迦像是優塡王像師第四作之、明帝卽令圖畫模寫如法供養、卽是漢地佛之初。」

十三　魏書

魏書北齊時（五五〇至五七七）魏收撰、下文見卷一百一十四釋老志。

「後漢明帝夜夢金人、項有日光、飛行殿庭、乃訪羣臣、傅毅始以佛對、帝遣郎中蔡愔博士弟子秦景等使於天竺、寫浮圖遺範、仍與沙門迦攝摩騰竺法蘭東還雒陽、中國有沙門及跪拜之法自此始也、愔又得佛經四十二章及釋迦立像、明帝令畫工圖佛像置淸涼臺及顯節陵上、經緘於蘭臺石室、愔之還也、以白馬負經而至、漢因立白馬寺於洛城雍關西、摩騰法蘭咸卒於此寺。」

* * * * *

祇須一讀前引諸文、卽可知其有相連之關係、中有數文竟完全相類、則應尋究彼此之間具有若何之關係矣。

首應注意者、吳書實具有僞造之一切性質、其中著錄之興盛寺、當吳書纂修之時尚未有之（參照釋迦方志卷二）足證吳書至少已經有後人之改竄、不特此也、前引之文得謂爲漢法內傳之一種縮影、設有人取漢法內傳之文節略成篇、其事可解、然若謂漢法內傳將吳書之文完全撮錄於本書之中、其事則不可解、其後之文未經吾人採錄者、亦有相類之情形、則可見其不僅爲一種撮錄、而其全文必爲一種僞造也、其開首一段、則錄之於高僧傳中之僧會傳、全文蓋利用高僧傳漢法內傳吳志抄撮而成者也、其時或在六世紀下半葉吳書原書散佚之後、故意僞造此文以證漢法內傳之說之眞、由是觀之、此種僞造之文應在屏除之列。

吳書既已屏除、所餘之文十二、然觀後漢書之文、亦爲錄自後漢紀者、由是後漢書之文亦應屏除、顧魏書幾盡抄錄高僧傳之文、則在史文方面、祇存有後漢紀一文而已。

設若比較四十二章經序與牟子理惑論之文、卽可見後一文較爲完備、爲獨一著錄起造白馬寺及從印度齎歸佛像之文、至若經序僅述明帝之夢後遣使寫取佛經四十二章而已、在此部份之中兩文之關係密切、兩文之一、顯有此文利用彼文之事、余敢信經序之文比較在先、在五世紀末年以前、吾人雖未見有明文之引證、然其存在之古絕無可疑、蓋四世紀初年之化胡經曾採用其文也、顧在斯時、牟子似尚未爲人所知、則必不能爲經序之闕名撰人所採用、余意以爲牟子曾節抄經序之文、至其後半、除末一語仿傚經序之外、蓋爲牟子新增之文也。

出三藏記集亦祇能爲經序之節抄、化胡經亦然、惟將時期、舍衞之著錄、與夫經數之加增等細節加以確定而已、然不知有白馬寺及佛像之沿革、則必未識牟子理惑論可知矣。

冥祥記第一部份採錄後漢紀、第二部份採錄牟子、然加增若干新事、如明帝使臣將迦葉摩騰等還漢等事是已、至若水經注則抄錄冥祥記、洛陽伽藍記亦然、惟將其文節略而已。

高僧傳來源較廣、所採錄者不止一種、兼有冥祥記牟子二文、然不僅限於文字之抄錄、其摩騰傳則緊接冥祥記、而佛像之事則緊接牟子、並於竺法蘭傳增加若干事跡。至若漢法內傳中關於感夢遣使與兩印度沙門至中國等事、皆仿高僧傳、但又增加若干異事、若年代、若傅毅答語之外、又增王遵之答語、其目的乃在加入周書異記之說、此事與釋道鬥法之故事相類、蓋亦出撰人之理想、勿庸尋究別一來源也、按漢法內傳乃釋道競爭最烈時代所撰一種筆戰之書、僅在此方面有若干興趣之可言、不當於此尋求史料、蓋其史料價值毫無也。

諸文之關係、可以下表概之。

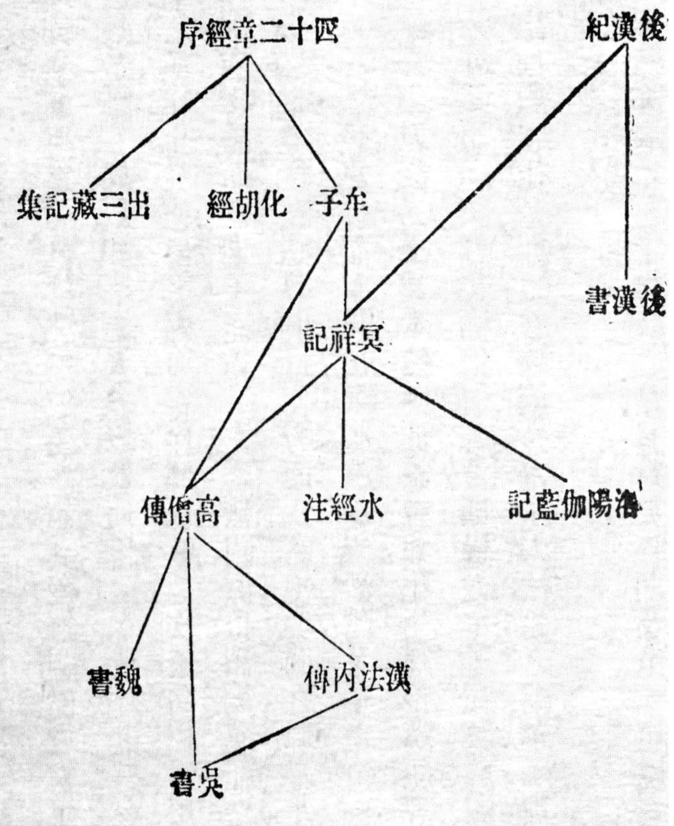

四十二章經序
後漢紀
出三藏記集
化胡經
牟子
後漢書
冥祥記
高僧傳
水經注
洛陽伽藍記
魏書
漢法內傳
吳書

證以右表、僅餘四十二章經序及後漢紀二文、兹二文似未互相抄襲、然則謂其毫無關係歟。

非然也、此處固無簡單字句之抄襲、然似不能謂其絕無關係、袁宏爲一史家、對於不可信之細節必予删除、故於解夢之人名以及使臣之名皆不著錄、然其敍述之次序、則仍一致也、後漢紀止於使臣之歸與經序同、比較二文、逐句相對、用語雖殊、取意則同、兩文之差別者、文體而已、則不能謂二文毫無關係、得謂後漢紀之文出於經序也。

節略言之、四十二章經序在感夢與遣使方面爲諸文共同之源、牟子則爲圖像及起白馬寺二事之源、迄後冥祥記首先加入摩騰等二沙門、牟子之第一部份、則採錄經序、現存之文無一不以後二文爲本、然應注意者、如化胡經後漢紀等古籍、咸從經序、而自五世紀末年以後、若冥祥記高僧傳等書、則皆從牟子、顧冥祥記之纂輯、即在牟子收入法論之前數年、由是觀之、在陸澄採牟子入法論之前、牟子理惑論之不爲人所知、已有二世紀有半矣。

諸文之源雖同、然亦表示若干紛歧之點、其對於時期及第一使臣之名、皆不一致。

關於時期者、其說之不一致、理由頗爲簡單、蓋牟子及經序皆未確定其時期、僅言「昔孝明皇帝、」後漢紀出三藏記集洛陽伽藍記等文亦同、高僧傳則附以「永平中」一語、然實亦無所確定、蓋此年號包括漢明帝在位之十八年也、此外有不少著作、以爲使臣出國歸國之年可識、然其所誌之年多不一致、其說至少有四種、茲爲表列如下。

書名	感夢之年	使臣歸國之年
化胡經	六四、永平七年甲子	七五、永平十八年
漢法內傳	六〇、永平三年	（六九年前）
年歷帝記	六八、永平十一年	
歷代三寶記	六四、永平七年	六七、永平十年
辨正論卷五	六一、	
資治通鑑卷四五	（六四年前）	六四、永平七年
佛祖統紀卷三五	六四、永平七年	六七、永平十年

佛祖歷代通載卷五　六一、辛酉年　六四、甲子年

綜觀右表、除年歷帝記及或者除漢法內傳以外、總括諸書之說有二、一說感夢在六一年、使還在六四年、又一說感夢在六四年、使還在六七年、但此二說皆屬武斷之說、而其起源顯然皆同、蓋其皆欲以佛教輸入之年、與六十干支之第一干支甲子相合也。

其惟一之差別、則在諸著作家對於佛教輸入之見解不能一致、其一派以其在明帝感夢之年、別一派則以其在使臣歸國之後、六世紀末年流行之說則爲第一說、是爲較古之說、蓋其在四世紀初年、已見於化胡經而其根據則在甲子年也、第二說在七世紀中葉前未見有之、然亦不能因此證其非古、第此先後問題、無關重要、蓋此年代之偏執的性質、使之喪失其一切歷史的價值也、年歷帝記所誌年代根據之理由亦復相類、然頗難知其爲何種、余不信其重視此種年代、蓋此書編訂太晚(隋初、)而其道家之傾向、亦足使其年代可疑也、復次化胡經所誌使臣之歸年、乃使之有奉使十二年之期限、是亦張騫奉使之年限也、就事實言、余以爲牟子及後漢紀含蓄之例

爲可取、不必詳考其事確在何年也。

第一使臣之名較爲複雜、四十二章經序第一人名作張騫、顧此張騫之名則爲一種極顯明的年代錯誤、蓋張騫爲紀元前一三八年奉使大月氏約與共擊匈奴之人、其開闢西域交通者卽屬此人、不應尙存於明帝之時、佛教著作家亦見其誤、所以諸文如高僧傳之類、皆以第一使臣之名作蔡愔、其人不識爲何許人、後漢書後漢紀皆未著錄此名、然則原名應以何名爲是耶、雖有年代之錯誤、余以其原名必作張騫、蓋爲諸文共同之源之四十二章經序、明著此名也、元藏固作蔡愔、然高麗藏及宋藏皆作張騫、是亦出三藏記集輯文著錄之名、則元藏之蔡愔祇能視爲後人修改之名也。

由是觀之、最古之文第一使臣之名作張騫、然則蔡愔一名何自出耶、謂其出於牟子、尙有疑義、蓋高麗藏作蔡愔、而宋藏則作張騫也、化胡經作張騫、後漢紀未著使臣之名、其首先從新採用蔡愔之名者爲冥祥記、嗣後高僧傳漢法內傳魏書皆因之、比較諸種年代、似蔡愔一名發現於牟子收入法論之時、則改正此年代錯誤者、應是牟子、其著錄之名應以蔡愔爲是、至若別見之張騫一名、乃因受四十二章經序之影響而加入者也、不幸世說新語所引牟子之文、祇存秦景王遵二名、似牟子中張騫蔡愔二名之互見、當時業已有之、世說新語不知所從、乃將其刪除、蔡愔一名至五七〇年時已成流行之傳說、蓋笑道論業已譏化胡經之妄引也。

由是牟子增改四十二章經序之事、茲已兩見矣、牟子必別有所本、然不知其所本何書、佛祖歷代通載卷六固已主張有一更古之文、此文卽漢章帝時（七六至八九）王景所撰之金人頌（參照後漢書卷一〇六）顧此文久佚、通載之撰人烏從見之、或因頌名金人、遂以其與明帝之夢有其關係、其實誤也、則牟子之所本實難知之、第白馬寺之起造與張騫名稱之改正、設有一本著錄其事、不能謂教俗之著作家皆不知之也、意者當三世紀混亂之中、古籍散亂不少、不知之故或在於此、或者牟子因聞某一避地沙門如支謙類之說、而將四十二章經補正、皆未可知也。

無論如何、牟子應爲首先完全著錄此種傳說之文、蓋其不僅抄錄四十二章經序、並增入來歷未詳之傳說、若圖像起寺之類也、由是觀之、牟子之文包括來源不同之兩部份。

（一）佛教經文最初之輸入中國（出於四十二章經序之傳說。）
（二）佛像之最初輸入及洛陽第一佛寺之起造（來源不明。）

茲二傳說原非一說、合併以後、由是成佛經佛像並至、而爲起一寺、質言之、佛法僧同時輸入之說、故漢法內傳云、此漢地三寶之始也、此說之大行於宗教界之理在此。

兩傳說中之第一說、表示較拙、其於明帝外、牽涉之人物、核以他證、皆足以見其僞、張騫之死相距幾有二百年之久、傅毅晚至章帝時始見徵召、秦景之名或者本於別一時代錯誤、僅有蔡愔王遵二名不生難題、然前一名應出後來之改正、第二名則其人完全不爲人所識、如此種種時代錯誤、皆表露其爲民衆之傳說、明帝以其西域之勝利而著名、是爲西域自絕六十五年後而復通西域之東漢第一帝、此事已足與初通西域之第一漢使張騫相接近、西域既通、當然承認佛法於明帝時東被中國（質言之遺忘從前之交際、）而視其齎還佛經者、即爲第一漢使張騫、所以化胡經以漢使在外之年爲十二年、蓋張騫在外十二年也、至若傅毅得因其曾爲大破匈奴之竇憲之記室而加入、總之、皇帝一人、使臣一人、文士一人、皆與西域具有關係者也。

人名既不確實、今姑置人名不論、應承認實有遣使之事歟、吾不信有此事也、蓋當是時西域莎車于闐匈奴互相攻伐、而在漢兵北征匈奴取伊吾盧地、及班超平定西域（七三年）以前、漢使通過西域、似爲意中必無之事、又況西域平定未久、即叛、七五年時、焉耆龜茲攻沒都護、悉覆其衆、匈奴車師亦圍戊己校尉、祇須一讀後漢書卷一一八西域傳總敍、即可見其困難、設遣使之事出於一種翔實史料、尚猶有說、乃一種百年後所採之民衆傳說、無此性質也、余以爲此種傳說與秦始皇時西域沙門室利防等齎經來化一說、皆屬故事民話之範圍、或者因魏略所載漢使景憲受大月氏王使伊存口受浮屠經一事、而由民衆之想像改屬於較哀帝爲著名之明帝、其根據殆在此也。

至若其他兩種傳說、蓋屬說明一種遺物或聖地的故事之列、此類故事頗難視爲實事、中國佛教中之靈像不少、十三世紀時曾有觀音靈像飛來普陀（見一九〇九年校刊）洛陽更進一步、一如西域之媲摩（見西域記）且有優塡王像師所作之釋迦眞像、又若白馬寺起造之說、似亦屬子虛烏有、摩騰法蘭之白馬、可對老子之青牛、皆神話也、遣使事既然非眞、白馬之說亦無所據、且應注意者、首先記載此種瑣事、如優塡王所畫佛像、摩騰等沙門之名、與夫白馬等事者、皆爲冥祥記也。

準是以觀、此種故事似有三種過程、各見於一書之中。

(一)感夢、遣使、齎還佛經、及佛教最初流布中國(四十二章經序)。

(二)牟子理惑論於此基本之說外、加入佛寺及所作種種圖像。

(三)四世紀或五世紀時、此種故事更較確定、當時又發現明帝之使曾要還印度沙門二人、又知其以白馬負經、並知明帝所作佛像乃是模寫昔日優塡王所作之像、而其像乃由摩騰等齎來者、其最初詳細記錄此故事者、卽爲五世紀末年之冥祥記。

總而言之、佛教輸入中國之傳說、完全根據二世紀末年之若干信教故事、雖經正史若後漢書魏書隋書之採錄、然不能掩蓋其來源之薄弱也、惟有一事頗爲重要而必須檢定者、則適當牟子撰其理惑論之時、魏略所誌佛教輸入中國之事完全不同、並未言事在明帝之時、不幸魏略之來源不明、或者其說亦非眞相、然其記載已知之事則較優也。

秦漢象郡考

見遠東法國學校校刊一九一六年刊　馬思伯樂撰

紀元前二一四年秦始皇略定揚越、置桂林南海象郡、以謫徙民、與越雜處、今日中國安南與大歐洲學者之考訂、咸以秦之象郡在今中國境外、而以之當今之北圻及安南北部、茲所討論者、卽斯說也、本文所徵引者、皆爲中國載籍、蓋當中國統治時代、安南史家對於史料無所增益也。

綜考中國古籍位置象郡之說、共有二說、一說以象郡當漢之日南、其地爲今之廣平廣治二省、主張此說之文甚夥、茲僅錄其較古者、紀元一世紀末年前漢書卷二十八地理志云、日南郡故秦象郡、史記集解卷六秦始皇本紀三十三年下引三世紀韋昭之說曰、象郡今日南、水經注卷三十六溫水下引四世紀王隱晉書地道記曰、日南郡去盧容浦口二百里、故秦象郡象林縣治也。（鈞按、水經注同卷尙引有後漢應劭地理風俗記曰、日南故秦象郡。）

又一說以爲秦象郡在今廣西南部、此說兩見秦漢時人纂之山海經卷十三。沅水條曰、沅水出象郡鐔城（今湖南黔陽、）西入東注江、入下雋西合洞庭中。（水經注卷三十七曰、沅水出牂牁且蘭縣、又東北至鐔城縣爲沅水、又東過臨沅縣南、又東至長沙下雋縣。）

鬱水條云、鬱水出象郡而西南注南海、入須陵東南。

沅水今昔名同、是爲注入洞庭湖之一水、發源於貴州、從中部流經東北、鬱水發源於雲南貴州交界處、流至廣州入海、則山海經以秦象郡爲廣西西部與貴州南部矣。

又考象郡之治所、卽在此地帶之內、前漢書卷一下高帝紀、五年下引臣瓚引茂陵書曰、「象郡治臨塵、去長安萬七千五百里」、按臨塵在今南寧府西部。

由是觀之、兩漢三國時代之撰述、分別位置象郡於安南及廣西兩地、然無有以象郡並位置於此兩地者、六世紀時、似無人見及茲二說之紛歧、所以水經注卷三十六欲調合二說、而以鬱水位置於象郡之中、其主張象郡爲日南者、乃臆想此水沿中國海岸經瓊州海峽東京灣而至日南。

惟至唐時、始有人調合二說、而以二說所指者乃象郡之南北兩端、故通典卷一八四云象郡「南越之地、今招義、南潘、普寧、陵水、南昌、定川、寧越、安南、武峩、龍水、忻城、九眞、福祿、文陽、日南、承化、玉山、合浦、安樂、海康、溫水、湯泉郡皆是」後又云、「秦之象郡今合浦郡是也、非今象郡、」此種解說遂以大行、嗣後中國之史家地理家皆從之、並爲安南載籍所採錄、尙有若干中國撰述家欲詳釋其說、因之又增新誤、舊唐書卷四十一地理志宋平縣下云、宋平「漢西捲縣地、屬日南郡、自漢至晉猶爲西捲縣、宋置宋平郡及宋平縣、隋平陳置交州」其一例也、撰者一面以爲象郡爲漢之日南、而其治所舊址在日南治所附近、又一方面以唐代安南都護府可當秦象郡、遂以此二府郡之治所同在一地、此種錯誤、適足證其地理知識之簡陋、蓋宋平大致在今之河內、而西捲應在承天府境求之也。

除此較近之說不論外、前引二說雖距置郡之時已晚、然其文皆古也、欲就此二說辨其是非、似乎甚難、然有一中國撰述家已知之事、因其不解地理致不見其重要者、可以證明象郡不在今之承天也、前漢書卷七昭帝紀元鳳五年(七六年)下云、「秋罷象郡、分屬鬱林牂牁」、顧鬱林約當今廣西之東南部、而牂牁爲貴州西部、則其證明山海經茂陵書之說之是、而前漢書之說之非矣。

紀元前二一四年、秦置桂林南海象郡、時百越皆蠻夷、秦以謫民與之雜處、約當二〇九年時、南海尉任囂病且死、召龍川令趙佗使行南海尉事、囂死、佗卽絕道聚兵自守、因稍以法誅秦所置長吏、以其黨爲假守、漢定天下、遣陸賈立佗爲南越王（前一九六）後有司請禁南越關市鐵器、佗以長沙王欲滅南越而并王、乃自尊號爲南越武帝（前一八一）高后遣軍擊之、會暑溼、士卒大疫、兵不能踰嶺、佗因此以兵威邊、財物賂遺閩越（今福建）西甌駱（今東京）役屬焉（史記卷一一三）。

核以史記之文、足證北圻之併入事在置象郡以後、而其侵略未至北圻之南、可斷言也、北圻併人之詳情、蓋當紀元前三世紀時、史事業已易爲傳說、相傳交趾昔有安陽王、有神人爲之治神弩一張、一發殺三百人（一說殺萬人）南越王趙佗遣太子名始臣服安陽王、安陽王有女名曰媚珠、見始端正、與始交通、始便盜鋸其弩、南越乃能攻破安陽王、而取其地、令二使者典主交趾九眞二郡、（並見水經注卷三七引交州外城記、太平寰宇記卷一七〇引南越志、太平御覽卷三四八引日南傳、）考史記前漢書之文、西甌駱似僅役屬而已、（史記南越傳佗報文帝書、有「南方卑溼、蠻夷中間、其東閩越號稱王、其西甌駱裸國亦稱王」等語、按駱亦作雒、最初安南諸王有雄王之稱、乃誤以雒作雄者也、）總之、無論其情形如何、北圻平原及安南北部自是以後成爲中國之二郡、卽交趾九眞是已、（鈞按、史記南越傳註引廣州記云、交趾九眞二郡卽甌駱也、）準是以觀、關於北圻併入之事、並未涉及象郡矣。

顧此郡在當時並未始終隸於南越、前一一一年武帝攻取南越之時、象郡已非南越屬郡、蓋南越平定之後所分九郡之中、無象郡之名也、中國載籍雖視之改名日南、然當時象郡應尚存在、蓋據前引前漢書卷七之文、至七六年時、始廢象郡以之分屬鬱林牂牁也。

由是觀之、漢時之象郡在牂牁鬱林之間、質言之、秦代象郡西界夜郎國、東界南越桂林郡、其地之交通、除沅水外、其他諸水皆難航行、紀元前一三五〇年時、漢武帝欲通身毒國、乃先平定西南夷、迨玀玀種之滇國與苗種之夜郎國降伏以後、象郡必爲中國所需交通之孔道、或者南越之象郡郡守卽於是時以郡歸漢也。節而言之、昔之象郡處今中國境界之內、其地部份跨有廣西貴州兩省、若根據此種地帶居民之分配尋究之、似當時之南越統治之地、專屬歹種（鈞按卽猓玀）居地、其對於山地蠻族統治之境、似止於異種之區域、蓋其北境抵於沅水發源處之盤瓠種部落、質言之、苗種部落是已、其西境抵於竹王統治之夜郎國、亦苗種也、其南則爲介處交趾南越間之烏滸蠻、則象郡之西北境、與今日歹苗兩種之現在分境不應大有差別、根據吾人所知此地之歷史地理、不能假定象郡延至北圻與安南北部、日南似從未爲南越之領域、其南境最遠不過今之河靜、竊以舊時之考訂、或因象郡爲秦之最南一郡、而日南爲漢之最南一郡、殆由此誤會兩地爲一、又如象林一名、亦足爲此誤會之源也。

可並參看鄂盧梭撰秦代初平南越考第二章——譯者附識

唐代安南都護府疆域考

Le protectorat général d'Annam sous les T'ang. Essai de géographie historique.

見遠東法國學校校刊一九一〇年刊　馬思伯樂(H. Maspero)撰

安南古代歷史地誌、大致爲世人所未知、安南史家從未顧慮及此、而對於區域之方位名稱變更加以詮釋者、其事罕見、乃東亞行政區域名稱之屢易、非有精細之記錄、勢難考訂其沿革也、中國之史家則反是、所以中國之地誌、自紀元前數百年以迄於今、大抵確實可考、然在此種考訂未能進行或中止進行之區域內、如今列版圖昔未改土歸流之雲南西南部、抑如藩屬國家、或如昔爲郡縣而今獨立之安南、古地名之考訂則極困難。

北圻一地惟一可靠的歷史地誌之根據、僅有十五世紀初年重列中國職方後之改訂區域組織可考、明代棄交趾後之變更、亦可據一四三五年阮廌撰之輿地志知之、此書爲現存安南人自撰地誌之最古本、自此以後所有變更、已有詳細記錄、而此種工作之成績現尚保存、其間確定年月固然常闕、然得謂黎氏時及阮氏時之歷史地誌業已考訂成立、惟府州縣境界之變遷、在十九世紀前可知者甚鮮、而十七世紀以前之治所知在何地者爲數亦稀、如前所述、並非謂北圻之歷史地誌僅始於十五世紀時也、明代所置之區域乃替代胡氏未及變更之陳氏區域、特不能見其全豹、如輿地志之記載耳、中有不少缺陷、時代愈古、缺陷愈多、陳氏之初地名確實可考者、其數有限、而其可考之原因、蓋緣於陳氏一代未予變更、或李氏時史家偶有記錄、所以全國二十四路、今日不盡知其方位、雖有可知者、亦不甚審、至若府州縣之舊名存留於今者、僅有數名、陳氏以前僅有華閭昇隆數城之今地、賴有傳說可考、又如演州愛州九眞等州、或亦然也。

當十七世紀安南史家注釋大越史記全書之時、及在嗣德中編纂越史通鑑綱目之時、已見其地理疏證之欠缺、而謀以種種可能方法補救之、賴有碑文之記載、地方之傳說、尤賴有祠廟之留存、村莊之名稱、始能將若干古地今名考出、昔日十二使君之治所、今有數地可考者、蓋山此也、撰修綱目諸人亦曾利用若干中國載籍、然其選擇未能盡善、其於中國統治時代之考據、大致採取一六六七年撰讀史方輿紀要、與一七六四年撰大清一統志之說、而不稍加審定、至若最要之中國載籍、則不知之、顧綱目地理註釋之重大缺點、則在全部整理之欠缺、撰者隨見一名、即隨考一名、有時且不以新考之成績與舊考之結果相對勘、所以若干地理考證、彼此不能相符、綜合觀之、實無聯絡也、諸人非無整理全書之機會、夫既將後漢書及新唐書關係兩代之北圻地理志錄出、然而不知利用、綱目之惟一行政區域地理全志、祇有黎氏初年一志而已。

至若地理書籍、所載亦不逾此、余今固未敢以作一安南地理書錄而自居、然於此處著錄其重要撰述、而在其與歷史地誌之關係中、因安南書籍之稀少、不得不附以若干說明耳。

現存安南地理撰述最古者、首數安南志略（一三三三年撰、）其卷一節述行政區域名山大川重要古蹟、卷十五之卷末、著錄所產方物、不幸全書各卷所誌太簡、然因其撰時之古而重此書撰於中國、安南人似從未識之。

百年以後、一四三五年、始見有安南人撰之純粹地理撰述、是卽前述之輿地志、篇幅寥寥、共計三十三頁、十五世紀名宦李廌、共阮天縱阮天錫李子晉等合撰、文體一仿尙書禹貢、每道以二三語括之、述其重要山川、土地色質、貢賦之物、幸而附有註釋、列舉各道之府縣鄉邑、偶亦記述道之古名或神之故事、卷首兩頁、節錄安南歷史地誌、僅錄其名而已、總之、此書對於黎氏初年北圻行政區域之地誌、固頗有關係、然於較古時代則無效用。

自十五世紀迄於嘉隆時代、質言之、黎氏一代、地理撰述甚少、其存留於今之重要撰述、乃爲十七世紀末年或十八世紀初年所撰之纂集天南四至路圖書、所誌路程有四、河內至古城爲一道、河內至欽州爲一道、河內至諒山爲一道、河內至雲南爲一道、是爲一種圖書、對於古歷史地誌不能供給何種材料、至若十八世紀末年吳時仕所纂之安南一統志、祇爲一種毫無興趣之名錄、尤不足以供參考也。

欲求參考資料、必須檢尋中國載籍、大明一統志（一四六一年撰）讀史方輿紀要

（一六六七年撰、）明史、大清一統志（一七六四年撰、）皆有安南地誌、所誌當然簡略、第於城邑山川之古蹟沿岸皆有敍述、此外且有一記述北圻之專書、書名安南志原、似爲十七世紀末年之撰述、其特點則在其不傳於中國、而部份保存於安南、其中國與安南之交際總敍及地誌尚存、餘卷並佚、安南文士除參照讀史方輿紀要大清一統志外、並及安南志原及阮廌之輿地志、其據以考證古史地誌者、大致以此四書爲本、此外有若干故事出於粵甸幽靈集錄、及嶺南摭怪列傳、然毫無歷史價值也、除編纂綱目諸人之外、安南文人僅據讀史方輿紀要而識中國載籍、此大部撰述於中國本部諸省敍錄時常甚善、然於外國若安南之類者、當然有遜色焉。

晚至十九世紀時、始再見有安南人自撰之地理著作、然一八〇六年嘉隆勅撰之一統輿地志要爲一種路程志、全國道路驛站與夫距離橋梁關津記述甚詳、其他時常極有關係之材料、則散見於附註之中、檢閱不易、有若干事實且完全欠缺、所誌之山岳甚少、江河湖沼祇著其道路交叉處之深度、然其水流則鮮見敍述、考古記載亦無、此書實備進呈以供安南帝備知全國交通之用、其他諸事則隨意載入也。

北城地輿志十二卷、似成於嘉隆時代之末十年、一種北圻全志也、此書至嗣德時尚盛行、其中所誌地方故事過多、亦有重要材料不少、若各縣鄉村名錄、塔廟志、兵備志、諸志是已、每卷之首、敍述各省之沿岸、著錄其已識之古名、不幸此書不全、越都史館祇存七卷、合訂三册、轉抄不易、遠東法國學校藏書室藏有一本、殘佚更甚、僅存關於河內城及海陽省兩卷、序文目錄並闕。

一八三三年刊之皇越地輿志、爲一種安南地理全志、書僅二卷、惟誌有府縣名、附以塔廟山川之沿革故事而已、因其所誌故事之多、故頗流行、此書有刊本、此安南罕見者也、且自刊行以後、重刊有三四版之多。

最完全之著作爲安南一統志、此書仿大清一統志、一八六五年奉勅撰、一八八二年成書、時嗣德帝以爲十八年間新省之設置及府縣之變更、多與舊制異同、又命纂輯補篇、一八八五年七月咸宜帝出亡之時、攜走之圖書此其一種、故自是以後補篇完全散佚、本篇亦佚數卷（見大南實錄四紀卷六十八）此書體例全仿大清一統志、惟記載較爲簡略、每省先立總敍、次分野、次建置沿革、次所屬府縣之境界、沿革、形勢、氣候、風俗、城池、學校、田賦、山川、寺觀、祠宇、人物、土產諸門、不幸記載極略、風俗一門寥寥三行而已、古蹟一門則抄錄讀史方輿紀要之文、其爲紀要所無者、則轉錄大越史記之語、而不加以詮釋、現在實存之古蹟廢址、記錄者極少、纂修之人僅轉錄古籍之文、而不問其物是否存在、至若人物一門、多列阮氏時或黎氏時之名宦、偶亦誌及陳氏時之人物、陳氏以前、鮮見著錄。

總而言之、地理著作與夫歷史著作中關於安南歷史地誌之說、皆不甚古、若欲上溯至十三世紀以前、幾無一事可述、則在此時之前有所尋究、勢須爲一種歷史及古物之重新建設、且應注意中國及安南名稱之時常更改、緣今之北圻地名能上溯至漢唐者爲數極稀也。

安南人從未纂輯何種歷史地理之書、雖有撰者亦不能回憶其舊蹟、一九〇七年時、阮萃珍曾撰有大越古今沿革地誌一卷、此書之興趣則在其爲安南著作中之一種空前撰述、撰者雖已大爲努力、然其書實不甚佳、關於中國統治時代之諸考訂、多與史文不合、其缺點則在其對於安南實在地形之知識極爲簡陋、並不知有若干極爲重要之載籍如元和郡縣志之類、所錄中國史文、幾盡非直接錄自原書（大致採自讀史方輿紀要）其對於安南獨立初年之考訂不見其佳、惟至陳氏時要在明代、始能利用此書而無弊也。

總而言之、關於北圻之古地誌者、一方面既不能引證一種繼續之說、如中國之載籍、而考究其沿革、又一方面無一安南著作研究此項問題、近代雖有一書、內容亦不甚善、而且從未刊行、由是觀之、在此研究之中所能求助於安南人士之說者、實甚微也。

現存記述唐代安南都護府之著作有五、中有兩種纂於唐時、一種纂於五代、兩種纂於宋時、最近之纂輯、後於唐末者二百年、其目列下。

一通典卷一八四

二元和郡縣志卷三八

三舊唐書卷四一

四太平寰宇記卷一七〇及卷一七一

五新唐書卷四三上

通典撰於八世紀中、所編列者與其謂爲一種地誌、無寧謂爲一種名錄、然其可貴者、則在其曾利用當時之文籍、案唐代自七四二迄七五八年間改州爲郡、通典所誌、卽名曰郡、不名曰州、據謂天寶（七四二至七五六）初、凡郡府三百二十有八、縣千五百七十有三、惟考資治通鑑卷二一三、天寶元年（七四二）凡郡三百六十有二、縣千五百二十有八、又卷二一七、天寶十三載（七五四）凡郡三百二十一、縣千五百三十八、至若通典所誌郡縣之數、舊唐書卷三八與資治通鑑卷二一四則作開元二十八年（七四〇）之調查也、通典天寶初一語似必有誤、且在七四〇年名州而不名郡、否則必須承認通典已將所錄之文修改、總之、此文應上溯至於八世紀之中也、通典於其編列之名錄外、並誌有各郡與其隣郡之里程、此種記載在上列五書之中頗有出入、通典並誌及諸區域之沿革、然此種記載、在中國本部中頗不少見、而在關於北圻之諸篇中則極希也。

元和郡縣志、據宋洪邁跋稱爲元和八年（八一三）所上、又據宋程大昌跋、更置宥州一條乃在元和九年、其年十月吉甫薨於位、殆書成之後、又自續入之也、其書內容材料極可寶貴、尤以所著山川頗有裨於考證、其所根據之調查有二、一爲開元（七一三至七四一）中之調查、一爲元和（八〇六至八二〇）中之調查、亦如通典著錄各州距隣州及京師之里程、並誌有各縣至州治之里程、此爲本書及太平寰宇記所獨有者也。

舊唐書成於五代晉時（九三六至九四六、）其地理志所用之材料甚雜、其郡縣志乃根據七四二年調查之數、與通典微有不同、此時材料之採用不難索解、蓋其表示唐代發展之最後時代也、舊唐書於此地理名錄之下、說明有唐一代區域或其名稱之沿革、並將九世紀建置之諸州採入名錄之中、又於七四二年調查之外、附以從前之調查、總之將其所本之文籍完全變化之、但有若干記錄、尚可考見其時代、其交州條下無南定縣、緣南定廢於七二三年、復置於七九二年也、又愛州條下著錄無編縣、此縣在七四〇至七四二年間尚存（見通典卷一八四、）至八世紀下半葉始廢（元和郡縣志未著錄此縣、僅謂愛州領五縣、）至其恢復之時、則改名長林也（見新唐書卷四三上、改名之年無考。）

舊唐書與太平寰宇記之關係頗難確定、此書蓋爲宋太平興國時（九七六至九八四）之一種地誌、對於北圻之記錄、必然參考古籍、蓋交州一地在十世紀初年已脫中國屬藩而獨立也、就事實言、此地諸州之記述、除其固有之山川外、其文大致與舊唐書無異、不知其採錄舊唐書、抑與舊唐書同採他本、其名錄皆同、惟次序爲異、其對於北圻所載之開元調查、與舊唐書同、兩書之錯誤亦同、（如兩書皆以湯泉郡爲溫泉郡、以武勤縣爲武勒縣等例是）然無論如何、太平寰宇記所輯之新事極可寶貴、各縣列舉山川名蹟、時常附以說明、不幸未言出處、有時頗難知其文出於唐代著作、抑出於前代著作也。

歐陽修之新唐書（一一六〇）似欲將地誌敍述迄於唐代末年、故其所載名稱區域皆止於是時、顧此時之唐代疆域、較之二百年前頗爲狹小、修史者不欲將已失之地屏諸記載之外、所以誌有九三四年以前久已不列版圖之諸州、其中專載有唐一代名稱之沿革、在此點上此志極可寶貴、緣其他地誌常不確實也。

開始此種研究以前、對於本名之譯寫方法、必須略爲聲明、夫關係者既爲安南地方中國州縣之地理歷史、則關係兩國之歷史、中國譯音與安南譯音皆可並用、然余則依下例著其讀音。

(一)關於中國人名書名年號者、則用中國讀音、關於安南之人名書名年號者、則用安南讀音。

(二)對於中國國內之古今地名、僅著中國讀音、對於安南地方之古地名、兩種讀音並用、對於近代之名稱、則自安南獨立以後僅著安南讀音。

(三)中國與安南外之民族、僅用中國讀音。

(四)對於名位官號、在中國統治時代、則僅著中國讀音、在安南統治時代、其屬安南人者、則用安南讀音、其屬中國人者、則用中國讀音。

六二二年唐代建安南都督府、六七九年改安南都護府、其境界常因政治需要而變更、然此種變更之研究、祇能在此文之後爲之、其下級區域亦常有變革、有時爲全國之改制、如六二一年又六二七年之改制而變更者、有時因地方之關係、如長州或演州之建置而變更者、在原則上、余大致從新唐書、緣其已爲纂輯越史通鑑綱目者所節錄、復由安南史籍轉入法文安南史撰述之中、且因新唐書所誌唐末之安南都督府、曾將八世紀末年隸屬安南都護府而今爲中國本部之雷廉崖等州列入安南境界之外也。

則新唐書所誌安南都護府之疆域、大致包括今之北圻、南迄橫山之安南北部、平原中之區域、隸屬中國官廳與內地諸州無別、至若山地、則或置如同內地之州、或置羈縻州。

平原共置七州、列舉如下。

北圻平原

交州 (Giao chau)

峯州 (Phong chau)

長州 (Truong chau)

安南北部平原

愛州 (Ai chau)

驩州 (Hoan chau)

演州 (Dien chau)

福祿州(Phuc-loc chau)

山地之中有一州永隸中國、是爲自山地達於海岸之陸州、別有若干州縣、或直隸中國、或爲羈縻州縣、諸羈縻州縣之數目名稱境界時常變更、至十世紀時竟有大多數已爲人所遺忘者、此處似無列舉之必要、(可參照新唐書卷四三下、所錄諸州雖不完全、然其數亦夥、)其間最重要者、將來余研究設置此種羈縻州縣所在之蠻族時、別有說明。

北圻平原

一 交州

交州包括永安山西兩省以下之北圻平原東部、昔分八縣。

一 宋平(Tong-binh)　二 交趾(Giao-chi)

三 南定(Nam-dinh)　四 龍編(Long-bien)

五 平道(Binh-dao)　六 武平(Vu-binh)

七 太平(Thai-binh)　八 朱鳶(Chu-dien)

(一)宋平縣　自漢至晉皆爲西捲縣、宋置宋平縣及宋平郡、(宋書地理志未著錄、南齊書卷十四著錄、此據舊唐書卷四一及太平寰宇記卷一七〇、)隋以爲縣、六二一年唐分交趾爲十州、以宋平爲宋州、次年加南字爲南宋州、初分三縣、曰宋平、曰弘教或弘義、析宋平置、曰南定、析宋平置、弘教所在未詳、南定後別有考、宋平於六二二年又析置交趾懷德二縣(按今河內西七里有懷德府、非唐之懷德。)

隋平陳、廢宋平郡置交趾郡、治宋平縣(隋書卷三一、)六二二年唐置交州都護府、治同年所置之交趾縣、六二七年併省全國州縣、以漢交趾郡之羸𨻻、隋爲交趾縣、取漢郡名、六二一年唐於其地置慈州、次年加南字、六二七年改南慈州爲交趾縣、以六二二年所置之交趾縣地併入宋平、在此種複雜的變制之中應注意者、交趾一名在唐時繼續爲兩縣之稱、兩縣雖相距不遠、然不失爲有分別之縣治也、此二縣治

一爲六二二至六二七年析舊宋平縣所置、而以隸宋州之交趾縣、

二爲六二七年後、以前慈州全境改設之交趾縣、

改設以後、都護府治應在何所、史無明文、其必未徙於新交趾縣治可知、可以取證於

伯希和所譯八世紀末年之一路程、據云、從府治至峯州、必須經過交趾縣、則府治不在此交趾縣可知、通典及元和郡縣志皆屬八二五年前之撰述、皆著錄有府治至交趾之道里、亦可證之、準是以觀、府治未曾隨交趾而爲變遷、似仍在六二二年之舊交趾縣治、其在六二七年以後、如在此年之前、仍在舊所也、惟至兩百年後、八二五年始由都護使李元喜奏移都護府於江之北岸（舊唐書卷十七、唐會要卷七三、事在其年五月、）然似於數月後遷回原處（可參照讀史方輿紀要引大羅城志、）緣新唐書卷四三上有是年徙治宋平之語也、自是以後、迄於中國統治之末年、府治皆在大羅城中、按河內既在紅河南岸、徙治之宋平、不能在此河之北、必在此河之南、大羅城志既有徙還舊所之語、則舊交趾縣治應爲宋平、應爲唐末時人所稱之大羅城也、此大羅城之所在、今尚可識、大致與今之河內城相合、其周圍土城尚保有其舊名、而今人尚稱之爲羅城也、然若欲以其地爲唐代舊城、則有若干難題須待解決。

都護府治雖在若干時間曾爲宋平郡治、在唐代以前、不應爲一重大之城、核以五四五年李賁敗於蘇歷江口未舉其名之事、可以證之、惟至隋代平陳以後、始以其地爲交趾郡治、隋交趾郡守丘和曾修治其城、以禦後梁合浦郡守寧長貞之侵、六二一年丘和建一周圍九百步之小城名曰子城（大越史記全書外紀卷五）然其城似不甚堅、蓋後來爲土人所陷者二次、六八七年時都護使李延祐曾受叛人圍攻、未久卽陷、延祐被害（新唐書卷四、資治通鑑卷二〇四、越史略卷一）七二二年安南賊帥梅叔鸞曾合眞臘林邑國人共陷其城（新唐書卷二〇七、舊唐書卷八又卷一八四、資治通鑑卷二一二、又考安南一統志乂安志乂安省南塘縣香攬村現有梅叔鸞祠、其墓應在其附近。）

至七六七年時、經略使張伯儀或因舊城之不足守、乃於蘇歷江（元和郡縣志卷三八誤作蘇晉江）北二百步重建新城、八〇八至八一九年間、張舟又將其城重建、而名之曰安南羅城、似應就張伯儀之城改建（見唐會要卷七三、安南志略卷九亦著其事、惟其文錯誤甚多。）八二五年李元喜曾於一時徙治北岸、然不久遷回南岸、或者又於南岸建一新城、其間遷徙之年代雖有不明、然其事則甚確也、蓋在八六三年南詔陷安南府治之時、其地至少有三城、其一城爲都護府治、卽當時中國人固守之城、第二城爲圍攻之時河蠻所據之蘇歷江舊城（蠻書卷四、）其第三城爲六二一年所建之子城、八六六年高駢復取交趾以後、於其附近重建大羅城時此城尚存、八八〇年安南軍亂、節度使曾袞出城避之、卽指此城也（資治通鑑卷二五三。）

前述諸城、史文所誌甚簡、今頗難確定其在何處、蘇歷江舊城或在外羅城之西端、因其距蘇歷江二百步、而在慈廉水（鈞按元和郡縣志卷三八誤慈廣水）北二里也、慈廉水卽今之 Song Nhue、此水所經之地、相距實不止二里、然羅城之西南角爲其較近之點、自是計之、距離亦合、此城必小、蓋僅容河蠻二三千人、而茫蠻當時雖亦在蘇歷江畔、則營於城外也、至若都護治所、應在蘇歷江舊城之西、距離紅河較近、蓋南詔陷交趾之時、荆南等處將士四百餘人走至城東水際、船已離岸、遂還向城力戰而死（資治通鑑卷二五〇、蠻書卷四、）足證其城距紅河甚近。

八六六年高駢收復安南以後、築安南城、一說周三千步（資治通鑑卷二五〇、）一說周一萬九千八百零五尺（越史略卷一、大越史記全書外紀卷五、）其外又築土城周二萬一千二百五十八尺、此次重築之城、或爲另一新城也。

面積如此、其城必小、按唐尺較今尺爲小、而不及三十公分、則外城周圍約當六千二百公尺、尙不及嘉隆時代所建河內城之大、（按北城地輿志、城周一千九百五十八尋、每尋二尺五寸、合計約當六千八百九十三公尺二十六公分、）內城更小、周圍尙不及六公里、則高駢與其前人所建之大羅城、僅爲一種要塞、如今日安南城堡之類、僅容官衙倉庫兵營而已、高駢造屋五千間、（據越史略卷一祇有此數、資治通鑑卷二五〇誤作四十餘萬間、大越史記全書外紀卷五亦沿其誤、此數與城之面積不合、按元和郡縣志卷三四、所載七三三年之制、安南都護府管兵四千二百人、可以證已、）乃爲兵士建築、而非爲居民建築、當時之居民居在城外、今尙見其遺址也。由是觀之、高駢所築之城、既非圍繞河內城西南長約十五至二十公里之土城、亦非城西之外羅城、北城地輿志卷一固謂外城卽古大羅城、安南一統志固謂河內地在大羅城內、然越史通鑑綱目則謂河內城外四面土城、乃李氏陳氏時所築、建築不止一次、俗亦名曰羅城、然非高駢所築之城也。

就事實言、其事已遠、現因古今城名之同、遂有人誤以今城卽爲古城、第若核以古籍、足證其誤、前此已言高駢之城不及河内今城之廣、而且昔者不止一城、而有三城、應在紅河與蘇歷江之間尋之、乃地面之考察、及考古之發現、迄於今茲皆難爲確定之證明、設有遊外羅城之内外者、即見古城頹廢若斷若續、不難知其非一時之建築而爲歷代之廢跡、先有唐代之城、復益之以李陳二代之都城苑囿、嗣後在十四世紀前之不知何時、又建一城以圍之、其後又有不斷之變更擴展、最末一次則在十八世紀之中葉也。

欲尋究此種建築之沿革、苦無確實材料可考、當一〇一一年李氏太祖徙新都於河内之時、曾改大羅城之舊名曰昇龍城、不知其城爲中國人六十年前所棄之舊城、抑爲別一新城、總之昇龍城僅指宮城而言、並不包含都城也、迨至一〇一四年、始建土城將都城包括於其内（大越史記全書本紀卷二）、李氏宮殿昔在今城之内、今日城内正北門之東夷平之地、昔名三山、尚遺有石龍二條、嘉隆於其附近建有一碑、此地或爲昔之龍墀、至若外城、則難知其所在。

姑以李氏一代爲例、可見城垣之時有變更、陳氏一代情形亦同、其初將大羅城擴展、當時之大羅城、似爲宮城之名、至十四世紀中葉、其名羅城之外城、周圍共有三十里、一〇四八年所建社稷壇所在之南門、似卽今之南門、亦名盛豪門者是已、城北環以蘇歷江、則當時之都城、恰與今之羅城相合矣。

此名稱羅城之外城、似從無防禦之價値、陳氏時代、蒙古兩次進兵、安南人及其敵人皆未防守河內城、一二八四年正月十二日元兵佔領嘉林等地、敗安南兵以後、卽渡河宴於皇宮(安南志略卷四)同年五月初十日元兵敗於章陽、卽棄河內、退兵紅河左岸、一二八七年時情形亦同、元兵又敗安南兵於嘉林(安南志略卷四作葉林、)其年十二月二十三日安南兵亦棄其都城不守、數月以後、一二八八年時、元兵旣敗、亦於未經被攻以前棄城而退、十五世紀時、明兵平復安南之際、修繕河內城堡、曾將宮城擴展、而名之曰東關、明兵卽在此城抵禦黎剌、亦未嘗顧及外城也。

簡而言之、唐代末年之大羅城、乃一周圍六公里之小城、其與今日羅城之比較、猶之羅馬時代小城與今日巴黎之比較、高駢所築之城、大致可當近代之內城、高駢以前之其他諸小城、曾爲安南都護府治者、在九世紀初年業已完全荒廢云。

（二）交趾縣　前此已言唐縣繼續以交趾名者有二、茲所考者、非六二二至六二七年間宋州所轄之交趾、而爲六二七年後迄於唐末之交趾、縣境在河內西十里、縣治在西北七十里、隋始置交趾縣（隋以前交趾皆爲全郡之稱）六二一年置慈州、尋改南慈州、領慈廉烏延武立三縣、武立無考、慈廉縣李氏時尚存、陳氏時爲州（越史略卷三、）明時降爲縣、以迄於今、其名未變、今縣在河內至山西之通道中、唐時爲慈州州治、六二七年州廢、三縣併入交趾、然交趾所治仍在州治、其南四十步有慈廉水、此水經交趾入宋平、經縣治南二里（元和郡縣志卷三八、）今日經交趾入宋平之水有三、其一爲紅河、流經宋平之北、其一爲 Song-day、不流經河內城南何地、且距城太遠、皆不成問題、祇有 Song Nhue 一水可當昔之慈廉水、此水雖不在河內城南二里、然相距甚近、今慈廉縣卽在水濱、則其縣境大致應同唐時縣境。

烏延爲一舊縣、唐時重設、隸於慈州、相傳昔日李佛子與趙光復割據北圻平原之後、趙居龍編、李居烏延、趙敗之後、佛子徙都峯州、命其將李普鼎鎭烏延、其兄李大權守龍編、顧此類傳說不盡確實、皆難據以考訂烏延之方位也、阮廌輿地志以爲烏延在慈廉縣境、境內紅河岸傍有下姥村、村中有雅郎祠（皇越地輿志卷一、）相傳佛子之子雅郎娶趙光復女、而盜光復神弓、光復遂敗、（見粵甸幽靈集錄卷六、鈞按、水經注卷三十七引晉太康記及交州外域記所載趙佗子始與安陽王女媚珠私、因計毀神弓事相類、）故皇越地輿志及最近之越史通鑑綱目、皆以烏延爲今之下姥、此種考訂近似、固不發生難題、第雅郎似爲一神話中人、縱有其人、亦不詳其爲何許人、不易知其與烏延之關係也、經過此縣之水、卽名烏延水、此水流經交趾龍編、卽爲紅河連同急流河之古稱、後別有說也。

如前所述、六二七年後之交趾縣、在今河內之西、處紅河與山地之間、西接峯州、或以Song Day 水爲界、縣治應在峯州州治至都護府治之中、去河內十五里、慈廉水上、或距今慈廉縣治不遠、其確實境界固難指明、要包括今河東省之西部、與山西省之東部也。（元和郡縣志交趾縣條、又謂「泊江水西北自崇平縣流入至此、故名、」此文疑誤、愛州有縣曰崇平、必非指此崇平、又考唐之武平縣、在五九〇至五九八年間分爲二縣、北曰崇平、南曰隆平、顧此爲隋時之制、爲時僅有八年、而隋時置交趾縣似在六〇七年也、且此崇平交趾二縣、中間尙有隆平介處其間、崇平在紅河之北、交趾在紅河之南、則又非指此崇平、意者崇平爲宋平之訛、而所本者爲唐以前之書、然則泊江爲今之急流河矣。）

（三）南定縣　此縣在唐代之變遷、複雜有類交趾、吳置武安、晉改南定、隋書未著錄、似已併入宋平、六二一年復置、隸宋州、六二七年州廢、以南定隸交州、七二二年廢南定、或以其地入新置之長州、七九二（元和郡縣志）或七九三年（唐會要卷七一）復置、然新縣在舊縣西北二百里、則唐時先後有二南定縣矣、茲二縣皆與今之南定省無其關係、按山南下路初置於一七四一年、至一八二二年始改名南定鎮、是爲今省得名之始。

七二二年前之舊南定　七二二年前之唐代古地誌、既未留傳於今、則未能知舊南定之方位確在何處、但知其在長州側近、顯應在此方面尋之、其在六二一至六二七年間、既與宋平同隸一州、則必與宋平隣界、太平寰宇記合舉新舊兩縣之川流、不爲分別、頗難知何水屬於何縣、其中之浮石山、既錄自交州記、應爲舊縣之山、其山在海中高數十丈、足證其界至東京灣、又如蘇歷江、亦應屬舊縣、蓋與舊縣與宋平接境之事亦合、總之、舊縣應在河內西南、其地或者延及符離河（鈞按原文作 Phu-ly、暫譯爲符離）兩岸、及紅河右岸、而達於海。

七九二年後之新南定縣　諸文關於此縣之記載頗不一致、元和郡縣志謂其在舊縣西北二百里、則應在河內西北山西省境內尋之、然太平寰宇記又謂其在府治西南六十二里、則其方位頗難考矣。

太平寰宇記所誌諸山中有一山、似非舊縣之山、按東究山亦作東宄山、今在急流河右岸、今嘉平縣治西北五里、亦名東皐山及天台山、此山昔甚著名、相傳其上有一塔爲高駢所建（大明一統志卷九十、讀史方輿紀要卷一一二）一〇五五年冬李聖宗亦於此山建靜慮寺、此山距舊縣治甚遠、設若中國載籍不誤、似可假定其爲新縣界內之山、則應求此南定於海陽省之西急流河右岸、與蘇歷江流域。

研究高駢一役、或能於其中得有若干線索、資治通鑑卷二五〇云、八六五年「九月駢至南定、峯州蠻衆近五萬方穫田、駢掩擊大破之、收其所穫以食軍」又注云、「九月高公力戰破峯州蠻於南定縣」不幸此役之細情未詳、高駢或由白藤江口進兵、此處爲中國人之惟一登岸所在惟自南定一役迄於峯州之捷中間八閱月之事、則無從知之也。

余以爲此縣之方位頗難考訂、祇有其七九二年以後不在舊縣一事甚確、不能用此年以前之籍文考高駢之戰場也。

(四)龍編縣　龍編爲漢之龍淵、初爲交趾郡治、一世紀中爲交州州治、一四四年(晉書卷十五)後漢周敞爲交趾太守、乃移治龍編、言立城之始有蛟龍盤於江津間、因爲城名(太平寰宇記卷一七〇)交州故城在縣東十四里、吳時刺史陶横所築(元和郡縣志卷三八)隋移交趾郡治於宋平、六二一年唐置龍州治龍編、六二七年廢龍州以龍編屬仙州、六三八年廢仙州以龍編屬交州、自是遂衰、七世紀後、北圻史中無其名矣。

安南學者舊以龍編即爲龍城或河內、乃核以前引最古史文、此說不能主張也、蓋安南都護府治大羅城、在今之河內昔之宋平、宋平與龍編兩縣完全有別、唐代地誌於交州條下並著兩縣、足以證矣、安南人士對於其國之古地誌謬解甚多、此其一種、尤可異者、越史通鑑綱目採用此說、大南一統志則反對此說、而以此城在今北寧省中、此說是也。

唐初於縣置龍州、領龍編武寧平樂（新舊唐書地理志均作平樂、太平寰宇記脫樂字、）三縣、龍編縣境包括縣治及其附近諸地、武寧縣爲北圻古地名之僅存於今者之一名三世紀時吳始置武寧縣、隸武平郡（晉書卷十五、）疑廢於六世紀時（南齊書卷十四尙見著錄、隋書卷三十一交趾郡內無此縣、）唐初復置、貞觀初廢龍州、以武寧平樂入龍編、安南自立以後、李陳兩朝復爲一州、黎氏時爲縣、近代始改名、然武寧一名今尙爲一山名、今桂陽東十二里有武寧山、亦名鄒山、昔之武寧縣境可當今之桂陽武江兩縣、至若平樂今無考。

由是觀之、昔之龍編在今北寧附近、並延至其西、蓋龍編縣有佛跡山（太平寰宇記卷一七〇）而今之僊遊縣內尙有村名佛跡、是爲縣境內之一要山、即俗名僊遊山者是已、龍編西境應與平道縣接界、蓋龍州廢後、以龍編割屬仙州、而此仙州後爲平道縣也、至其東境則延至山地、蓋相傳五四〇年（太平寰宇記作是年、應有誤、按梁書卷三李賁之叛事在五四四年、）李賁所作萬春臺卽在此處、此臺後成爲村、卽名萬春、十二世紀置萬春州、是爲欽州水行赴河內前之末一站（嶺外代答卷二）當時行程不逾五日、則不能下至龍編縣、而達竹河、當時祇有此河與急流河可通紅河、其行程之所經必爲急流河也、以此行程之道里核之、李氏時代之萬春州及唐時之萬春臺應在此河與太平江匯流之處。

龍編縣有烏延水、此水上流經過交趾縣、前已言之、顧此二縣一在紅河之北、一在紅河之南、而無他水橫貫此河、祇有紅河可當烏延也、第龍編不接紅河、而爲平道縣所隔、則烏延並指紅河左岸支流急流河矣、急流河並非嗣德時代新開之渠、一八二九年時已將此河疏濬、引紅河之水於此以避水災（大南實錄正編二紀卷六十四）黎氏末年之亂、廢而不治、遂致其注入紅河之口淤塞、嘉隆時代初年、雨水多時始能通舟（一統輿地志卷十、）此河在十七世紀末年及十八世紀初年已早存在、纂集天南四至路圖書、此時所撰之書也、於河內至欽州一道中、已著錄河首在河內之對面、方輿全圖總說中之安南地圖亦有一河、在河內附近從紅河分流、東經順安（今順城）上洪（大致爲今之平江）注入出自六頭江之太平江、是時之大海舟或不能航行於此、蓋天南四至路圖書分河內赴欽州之行程爲三段、一段由陸道至海陽、一段由河道至塗山、一段由海道至中國也、一六八八年潘鼎珪之安南紀遊（見說鈴）在此點上毫無可以引證之處、其紀述江平港（即Along灣）甚詳、而於其後之行程頗爲簡略、天下郡國利病書卷一一八、誌有嘉靖（一五三五至一五三九）中知府張岳訪得赴河內之海道、其要道有二、其一道自多魚海口（Cua Van-uc）或太平海口（Cua Thai-binh）而入、泝洪江（竹河）至快州鹹子關、由富良江（紅河）而抵河內、是亦十七世紀歐洲船舶所循之途、其一道自白藤江口（Cua Nam-trieu）或自安陽海口（Cua Cam）有時亦自塗山海口（Cua Lach-tray）泝太平江之一支流至至靈縣、由急流河而抵河內、一五三五年時急流河可以航行者、蓋因二十餘年前安南將河堵塞以禦明兵、明兵攻取以後、復又疏濬也（大明一統志卷九十。）

十四世紀上半葉撰安南志略、曾謂北江路與富良江右岸之羅城相對江（指北江）

上有十橋（安南志略卷一、）按北江爲李氏時以前急流河之舊名、當時可以行舟、一二八七年元兵第二次之征安南、其舟師卽溯急流河而出紅河（安南志略卷四）、十二世紀時、是爲中國海舟常循之道、其自欽州赴河內者、從白藤江口入口、由萬春州而抵此也。

一〇一〇年時、李太祖賜名曰天德江、則急流河李氏時業已有之、再溯而上至於唐代、八六三年南詔陷大羅城時、城前泊有中國舟船、然其來去之道則不可知、交趾龍編兩縣有烏延水之記載、爲唐代急流河存在之惟一確證、更溯而上、六世紀之水經注（卷三十七）云、西隨水過交趾麋泠縣、分爲五水、經交趾郡中至東界復合爲三水、東入海（應作入鬱林水或今之西江、）水經注錯字脫簡太多、此處難作全章之研究、茲僅考訂其北水左水必爲 Song Ca-lo 水 Song Cau 水太平江諸流之合稱、北水南水必爲紅河急流河之合稱。

總之、龍編縣境似乎甚小（僅有兩鄉、）應爲處 Song Cau 與急流河兩水間之北寧省北部、則在河內之東北、乃元和郡縣志誤以其在府治東南四十五里、此類錯誤、中國載籍時見有之、蓋水經注位龍編縣於北二水左水之南、北二水南水之北、顧此二水卽爲 Song Cau 與急流河祇有、北寧一帶可以當之也、復次朱鳶江在縣之北、四一一年盧循之寇交州也、交州刺史杜慧度率水步晨出南津以火箭攻之、燒其船艦、一時潰散、循亦中矢赴水死（水經注卷三十七、）按龍編原名龍淵、立州之始、蛟龍蟠編於南北二津、故改龍淵、以龍編爲名、顧在 Song Cau 與急流河二水之間、無水可能行舟、而茲二水皆可航行、則朱鳶江必屬此二水之一水、又考交州屬縣有卽以朱鳶爲名、水經注謂此水爲葉榆水之一源、此葉榆水爲水經注中紅河之一名（無寧謂爲北圻諸水之總稱、）質言之、來自雲南之水、則朱鳶江似指今之 Song Cau、此水固不發源於雲南、然中國人對於此地之水道不甚明瞭、常以從不相通之水合而爲一也。

由是觀之、龍編縣治應在今北寧省治附近之 Song Cau 右岸、其地距河內二十六公里、與中國古地誌四十五里之距離亦相符矣。

(五) 平道縣　元和郡縣志謂其縣治在府治東南五十里、太平寰宇記則謂在其東南六十里、顧二書所誌之方向常不確實、例如其位置龍編於府治東南、而反以愛州州治在府治之西南、可以證已、則平道縣治亦似有誤、平道本後漢封溪縣、原扶嚴夷地、吳時開爲武平郡、立平道縣、隋廢郡、縣屬交州、唐初六二一年置道州、領平道昌國武平三縣、六二三年改南道州、又改爲仙州、六二七年改龍州爲龍編縣、以屬仙州、六三六年廢仙州、以昌國入平道、屬交州、平道既與武平龍編接界、而又爲舊封溪之一部、應在武平之南、龍編之北、質言之、處紅河與 Song Ca-lo 之間、急流河沿岸、此地應在河內之北或東北、而不在其東南也。

縣中有山曰仙山（太平寰宇記卷一七〇）、此山漢時在龍編縣境（後漢書卷三十三）、是亦今日所稱之仙遊山、兩山之故事幾盡相同、（太平寰宇記云、古老云、昔有人入此山伐木、値有仙人於鬼目樹下圍碁、其樹根盤今猶存焉、）此山即龍編縣之佛跡山、前已言之、一山既屬兩縣、似其山介處兩縣之間、元和郡縣志卷三八云、「仙山、縣東北十三里、隱嶙數百里、則龍編之西門也、」根據此種記載、固難確定其方位、然必在河內之北或東北、而不在其東南、可斷言也、太平寰宇記以安陽王故城在平道縣東、而元和郡縣志又以此故城在宋平縣東北三十一里、兩書記載雖異、其今地之考訂則確然無疑、今河內之北十餘公里、紅河左岸、洞溪縣（鈞按、原文作Dong-khê、亦可譯作東溪、未知孰是。）境有古螺村、村中有安陽王祠、周圍有土城、相傳爲安陽王之故都、古螺在唐以前屬平道、已見水經注引交州外域記、太平寰宇記則以其事見南越志、元和郡縣志位置其城於宋平、或因平道昔爲昌國縣時隸屬宋平郡、六世紀時既無平道之名、故以屬宋平縣、宋平縣是否境逾紅河、無一證據可引、然六二一年之昌國、似與六世紀之境界相同、而其地在六三六年則入平道也、而且古螺至佛跡山之距離甚近、頗難以其一位於平道、又以其一位於宋平、余以爲太平寰宇記之說較長。

（六）武平縣　縣本扶嚴夷城地、二七一年吳破扶嚴夷置武平郡、是爲山地、獠人所居、山産大蛇、獠人啖其膏膽治百病（太平寰宇記卷一七〇）五九〇年隋廢郡、分置二縣、北曰武平、南曰隆平、旋以武平入隆平、六二一年唐於其南境置隆州、北境復爲武平縣、屬交州、縣治在府治東北九十里、是爲交州最北之縣、其縣界亦爲府界之武定江、在府治北二百五十二里、此江疑爲 Song Cau 之上流、或太原境內發源於中國境界之一水、然不能確指爲何水也、武平縣南隣太平平道兩縣、並與六二七年同屬仙州之龍編接境、觀諸縣之位置、應求武平於北江省及太原省之內也。除武定江外、尚有武平水自隆平縣流入縣境（鈞按、太平寰宇記隆平誤作降平、）此水後別有說。

（七）太平縣　五九〇年、隋分武平置隆平縣、七一四年改名太平（元和郡縣志卷三八、）縣治在府治西南六十里、紅河左岸、蓋其爲自府治至峯州所經二縣之一、其先經之一縣爲交阯縣、則在紅河之右岸、太平與峯州接界、六二一年以縣置隆州、並置義廉封溪二縣、六二三年曰南隆州、六二七年州廢、以封溪隸峯州、以隆平屬交州（新唐書卷四三下又謂七一二年改名太平、）足證其與峯州接壤。

此縣與武平縣皆爲漏江之所經、漏江自隆平縣西北流入武平縣、改名武平水（太平寰宇記卷一七〇、）此武平水名至十四世紀時尚見於諒部之中、其爲上流之漏江口、在峯州嘉寧縣界、（舊唐書卷四十一、府治西北至峯州嘉寧縣漏江口、水路一百五十里、太平寰宇記卷一七〇、府治西至峯州嘉寧縣界漏江口、水陸一百五十里、鈞按二書江名一誤論江、一誤滿江、）則此江雖由太平流入武平、而爲今之 Song Cau 或 Song Ca-lo 其源則在嘉寧太平接壤之處、江口云者、得指出口、亦得指其入口、此處關係者、明非 Song Cau 之水流入紅河之口、蓋此類之水道未見存在、反之、紅河之水流入 Song Cau 之水道、則實有之、惟今幾完全淤塞耳、是卽月德江、而今日地圖從俗名而作 Song Ca-lo 者也、紅河之水卽由此導入 Song Cau、此種考訂與流行之說不合、蓋據流行之說、以爲此一水道始於十五世紀中、斯蓋未詳檢史文之誤也、一四四九年仁宗所開之江、乃舊已淤塞之水道、並非始開之水道、大越史記全書黎紀卷二明言復開、而越史通鑑綱目正編卷十八亦謂浚平虜江也、

準是以觀、太平縣縣境應在此月德江與紅河之間、縣名尙延存至於黎氏末年、一〇〇六年時曾改峯州爲太平府（越史略卷一、）似未久卽廢、太平之名遂不再見於其地云、

（八）朱鳶縣　朱鳶一作朱戴、昔爲一大縣、縣分八鄉、但亦爲難以確定其位置之一

縣、太平寰宇記謂在府治西北五里、元和郡縣志謂在其西北五十里、舊唐書卷四十一所載縣之南境、而在通典卷一八四中則謂爲縣之北境、水經注卷三七亦見著錄、然其文脫訛幾不可解、通典舊唐書皆謂其爲吳軍平縣地（通典誤軍晉、）元和郡縣志則謂其本漢舊縣、至隋不改。

通典舊唐書之考訂皆誤、按吳之軍平、晉武帝時（二六五至二九〇）改海平（晉書卷十五、）至五九八年隋始以併入海安（隋書卷三一、）七五七年唐改海安爲寧海、寧海爲陸州之屬縣、與屬交州之朱鳶蓋有別也。

至其縣治之所在、據李賁敗亡之經過、可以作約略之考訂、五四四年、李賁逐交州刺史而據龍編、此龍編前已考訂其在北寧附近、五四五年梁遣交州刺史楊瞟討之、以陳霸先爲司馬、瞟推霸先爲前鋒、敗賁於朱鳶、賁衆數萬、於蘇歷江口、質言之、於此江注於紅河之處、今日河內所在之處、立城柵以拒霸先（陳書卷一資治通鑑卷一五九、）霸先所向摧陷、賁敗奔嘉寧城（今白鶴附近、）諸軍圍之、明年克嘉寧、賁奔新昌之典澈湖、霸先乘流先進、賁衆大潰、竄入屈獠洞中、屈獠斬賁、傳首建康（梁書卷

三、陳書卷一、資治通鑑卷一五九、）朱鳶之地位、可藉此役知之、設此縣治在河內西北、如元和郡縣志之說、李賁敗於朱鳶、而奔河內之時、其西北後路已爲梁軍所斷、則不能於蘇歷江敗後再奔峯州嘉寧矣、設以其縣治在河內東南、則此戰役之經過始明、蓋李賁先敗於朱鳶、退至紅河、及敗於紅河、又往西北退走、而至紅河上流之山內也。

由是觀之、朱鳶在府治東南五十里、是亦爲龍編縣之方向、朱鳶應在龍編之南與東、其地似沿太平江流域而達於海、元和郡縣志云、朱鳶江北去縣一里、此江亦經龍編縣北、其經過龍編縣者、似爲今之 Song Cau 而經過朱鳶縣者、疑爲太平江或太平江之一支流、相傳馬援南征鑄銅船於此（元和郡縣志卷三八、）按後漢書卷三十三、定安縣下引交州記、則以鑄銅爲船之事屬於越人、定安縣隋時廢、六二一年唐置鳶州、並置高陵定安二縣、六二七年州廢、省高陵定安以朱鳶屬交州、則無一假定新定安毫無舊定安縣地之理由矣、設以此故事不虛、則應斷言朱鳶江卽爲帶江之新名、帶江又經句漏縣、句漏與定安接界（水經注卷三七、）今日山西省中之石室

（Thach-that）縣尚有山名句漏也、此帶江既經句漏與龍編（後漢書卷三三龍編縣下引交州記、）質言之、經過今之石室縣與北寧之間、必非太平江、疑爲紅河、古之定安似亦在平原西部、水經注謂帶江東經定安縣、又東流、隔水有泥黎城、阿育王所築也、太平寰宇記卷一七〇、則以泥黎城在宋平、引「劉欣期交州記云、泥黎城在定安縣東南隔水七里、阿育王所造塔講堂尚在、有採薪者云是金像、」根據此文、應求舊定安於 Day 水與紅河之間、今符離河及舊南定之北、然其東境亦可能至紅河之東也、設若如此、六二一年之定安、應在此處求之、總之今不能考訂帶江與朱鳶江爲何水、兩種故事雖極相類、應爲兩地分傳之故事、蓋馬援所鑄四船、今止見其兩船之鑄地也。

朱鳶縣治既在朱鳶江南一里、或者應求縣治於海陽一帶、至其縣界、則祇能約略考其大概、東北與陸州接界、東應至海、西面或與長州接界、讀史方輿紀要謂其亦與愛州接界、此蓋沿舊唐書之誤也、舊唐書以交愛兩州之界在小黃江口（其文云、西至愛州界小黃江口水路四百一十六里、）又以朱鳶縣界在小黃江口（其文云、東至朱鳶縣界小黃江口水路五百里、）其實交愛二州之界在小乍口也、（太平寰宇記卷一七〇、府治西至愛州界小乍口、水路四百一十六里、東至朱鳶縣界小黃江口、水路五百三里、）核以河內之西四百一十六里、及河內之東五百三里之距離、可見其非一江、就事實言、此爲朱鳶縣界之小黃江口、與並見舊唐書之阿勞江口、頗難知爲今之何地也。

相傳海盜隱伏之一夜池、或應位置於此縣之中、六世紀中葉趙光復之敗、即退守此池、以拒中國之兵、此池有一支流、與紅河通、中國之兵數年不敢攻入、會江水暴起、始乘流進入平之、頗有十世紀末年撰之嶺南摭怪列傳錄所載之一故事、今可考訂其地在紅河附近、與昔之自然洲相對、惟應知者、趙光復之歷史、雖非完全本於傳說、然頗難分別其中之眞僞、而且趙光復守一夜池之故事、得爲李賁守典澈湖一事之訛傳、則六世紀中一夜池之有無、尙可疑也。

二　峯州

峯州處交州之西北、紅河兩岸、及白河（盤龍江）黑河（李仙江）高原之下流、諸河流域迄於雲南之諸羈縻州並屬之、其地大約可當十五世紀黎氏時之山西一省而在今日則包括山西永安等省、其在紅河左岸、則以昔之漏水今之 Song Ca-lo 爲界、在右岸則地接交趾、界止何處、今尚未能確定也。

六二一年置峯州、領縣五、（新唐書卷四三上、太平寰宇記卷一七〇、舊唐書卷四一、有封溪一縣、應屬隆州、誤列於此、）曰嘉寧、承化、新昌、高山、珠綠、（鈞按別有石隄、六二七年併入嘉寧、竹輅併入新昌、又有安仁、不知省併何縣、至高山珠綠兩縣、元和後置、）此種區分爲時不久卽廢、至八世紀末年元和郡縣志中僅存嘉寧承化二縣而已。

（一）嘉寧縣　嘉寧縣跨紅河兩岸、左岸以漏水爲界、右岸南至繖圓山（今爲 Ba-vi 山之一名、）東抵交趾縣。

縣治卽爲州治、在府治西北、陸路一百三十里、經交趾太平而至、水路合以元和郡縣志嘉寧至漏口一百里、與舊唐書漏口至府治一百五十里之總數、則爲二百五十里、舟行二日可至（蠻書卷四、）縣治應在河旁、蓋由交趾從水路至其地也、而且應在北岸、蓋由交趾赴太平、必須渡河、設若縣治在河南岸、則應復渡河而至嘉寧、此種無益往返、則不可解矣、水陸行程距離之不同、蓋因紅河曲折太巨、欲求其地於今之越治(Viet-tri)以上、似乎距離太近、然亦不能位置於此地之下流、蓋當十世紀時交州大亂、十二使君分立、峯州刺史矯三制自立、然未能保有全州、有名阮寬者、亦於阮家灣自立、其地在今安樂縣之永姥仙姥二村一帶、今尙有阮寬祠、而有山名阮家灣也(越史略卷一大越史記全書外紀卷五)由是觀之、今永安省之東部、昔與峯州分離、應求嘉寧於其西也。

證以上述之事、似應位置嘉寧於今之越治及白鶴一帶、安南史家謂卽今之白鶴、蓋其地有一祠名三江祠或白鶴祠(安南一統志作三帶祠、皇越地輿志卷一作白鶴祠、山西城池幷永安轄事跡亦作白鶴祠、)相傳建於唐永徽(六五〇至六五六)中峯州都督李常明之時、此祠必定甚古、十四世紀之粤甸幽靈雜錄已著錄有李常明之名、而謂一二八九年時仁宗曾封其神爲忠翊王、惟李常明之名不見於他書、而且當時之峯州非都督府、則其事無實據也、然地理之考訂似乎近眞。

(二)承化縣　縣治在嘉寧西北五里(元和郡縣志卷三八)疑在紅河之上、七四二年分置、時峯州改名承化郡、太平寰宇記所誌縣境之可瀨水山仙頒山、今皆無考。

(三)新昌縣　亦在州治上流、緣李賁敗亡時、曾由嘉寧退守於此、然其方位距離無考、吳析漢交趾郡麊泠縣地、置新興郡、晉改新昌、領麊泠嘉寧武定封山西道臨西六縣、則其初祇有新昌郡、而無新昌縣、縣之設置較晚、隋時有之、唐代因之、似廢於八世紀末年、蓋元和郡縣已不見著錄也。

(四)高山珠綠二縣　新唐書謂此二縣元和(八〇六至八二〇)後置、似未久即廢、太平寰宇記已不詳其所在矣。

三　長州

長州之方位未經中國地誌所指明、似以其地無足輕重、然比較諸文、可以約略考其所在也。

長州昔在白藤江口水路赴華閭之途中、九九〇年宋使宋鎬使交州、鎬還奏其山川形勢、(其文並見文獻通考卷三三〇、安南志略卷三、宋史卷四四八、續資治通鑑長編卷三一）略云「去歲秋末抵交州境、桓（黎桓）遣牙內都指揮使丁承正（安南志略作丁承直）等以船九艘卒三百人至太平軍（宋改廉州爲太平軍、徙治今城西南三十五里）來迎、由海門（按海門爲唐時赴北圻之要站、九八三年宋徙太平軍於今廉州州治西南三十五里之故海門鎮、可參考輿記紀勝卷一二〇、大明一統志卷八二、又按讀史方輿紀要卷一〇八及大清一統志卷三六七、位置其地於博白縣西南百五十里、距離亦同、惟讀史方輿紀要將海門海口混而爲一、海口爲白藤江口、非海門也、）入大海、冒涉風濤、頗歷危險、經半月至白藤徑（一作江、）入海汊、乘潮而行、凡宿泊之所、有茅舍三間、營葺尚新、目爲館驛、至長州、漸近本國、桓張皇虛誕、務爲誇詫、盡出舟戰擢謂之耀軍、自是宵征抵海岸（海岸二字疑誤、）至交州僅十五里、有茅亭五間、題曰茅徑驛、至城一百里、驅部民畜妄稱官牛、數不滿千、揚言十萬、又廣率其民混爲軍旅、衣以雜色之衣、乘船鼓噪、近城之山、虛張白旗以爲陳兵之象、俄而擁從桓至、展郊迎之禮、斂馬側身、問皇帝起居畢、按轡偕行、時以檳榔相遺、馬上食之、此風俗待賓之厚意也、城中無居民、止有茅竹屋數十百區、以爲軍營、而府署湫隘、題其門曰明德門。」

按九六八至一〇一〇年間丁氏黎氏之時、徙都於寧平西北之華閭、嶺外代答文獻通考宋史皆似不知其事、宋使所至之都城應是此城、觀其「近城之山」一語、適與華閭之地勢合、而河內近城之處無山也、至一〇一一年李太祖復都河內以後、又名華閭曰長安、故其地二村今尚名上下長安、宋使仍稱之曰交州者、殆因不明安南史地、不知其脫離中國統治之後、已將都城遷徙、抑雖知其事、仍以交州之名名其都城也。

宋使之行程、還由廉州至白藤江口、由此江口從水路赴華閭、今祇一路可通、卽由竹河入紅河、再由紅河或取道符離河、或取道南定河、而入 Day 水、顧南定河至近代始見重要、相傳其開浚於十四世紀末年鄭氏之時、從前有一小河、在今南定河北、鄭氏以其曲折、乃還開南定河、由輔隆涇以通渭潢江、顧鄭氏發祥地之卽墨、在其附近、遂有人謂因此斷其地脈、鄭氏致亡（安南一統志南定志、）宋使或卽取道此小河而至華閭也。

無論長州以後之路程爲何、長州之距離可得知也、通典卷一八四、玉山郡（陸州）去文陽郡（長州）三百七十里、陸州在寧海之北二百四十里、此寧海應在今之廣安附近、則長州至白藤江口之距離、僅有一百三十里、未免太短、按元和郡縣志、長州西北至府治約百里、是爲陸路、舊唐書府治西南至長州界文陽縣靖江鎮一百五十里、是爲水路、又按元和郡縣志愛州州治九眞東北至長州、水行四百五十里、西北至府治水路七百里、綜合此種距離核之、州治文陽縣、似在符離河一帶及竹河入口之處。

長州應在介處北圻清化間之山地一帶、十世紀時之都城華閭卽在此州境內、九六八年建設黎朝之黎桓、世人雖皆視其爲愛州之人、似出生於長州之內、長州北界距府治一百五十里之靖江、應爲符離河、其東界頗難知在何處、或者卽爲紅河、或在紅河之北、州領文陽銅蔡長山其常四縣、除州治文陽外、餘皆無考。

此州戶口頗少、元和郡縣志、戶都六百四十八、通典、戶六百三十、口三千〇四十。

唐代從安南都護府至愛州之水道、必須經過長州、今日地誌無一言及此水道者、然前引諸文皆著錄宋平至九眞之水陸道里、可見其必有一水道之存在、水經注在唐代之前百餘年、業已略爲言及、惜其文不明、不能大有助於考訂、又不幸寧平省中之地勢、在前一世紀中大有變化、尤足使此問題更爲複雜、則欲知唐代所遵之水道、必須尋究此水道之歷史、而上溯至於古時。

今日河內至清化之行程、則循紅河而下、經行符離河 Day 水、而至寧平、復由寧平循此水道至於 Song Ma 水。

此水道今日經過金山(鈞案原文作 Kim-son 暫譯其名作金山)縣全縣、及安康縣一部份構成之地域、其地在一四七一年所築之洪德隄外(安南一統志寧平志)、設無天南四至路圖書中之安南水道志可以參考、將不知其地爲水爲陸。

茲據此水道志、復輔以一六七九年中國地理家之方輿全圖總說、吾人乃知十七世紀末年寧平至清化之水道現尙存在、Day 水之一支流名 Song Van-sang 者、分二支而入海、其一支今名遏虜江、或乾江者、構成昔日之大黃門、其一支則納來自淸化之宋山江、而同入於海、則十七世紀末年迄於今日水道未變、惟今之海口因海岸伸漲之關係、距水道較遠耳。

今再就十一世紀安南兩征占城所循之途考之、（越史略卷二、安南志略卷一、大越史記全書本紀卷三、）當時赴占城之道有二、或從大安海口入海、循海而至順化灣、或循陸地之水道而至神投口出海、復入陸地水道而至河靜之南大安海口、此口在今大安縣境、縣在南定河與 Day 水匯流之處、此水之舊口卽昔之大安海口、又考安南志略卷一、羅城淸化兩省分界之山名神投山、神投口卽在此山之下、是亦十七世紀之神符門也。

大安海口及神投口之間、尙有一第三海口、名小康海口、卽九七九年占城王兵襲華閭覆舟之地（大越史記全書本紀卷一、）越史通鑑綱目前編卷一考訂其爲今之過虜江、是亦水道志之大黃門、足證十世紀至十七世紀其地勢仍同。

再上溯五世紀而至水經注之時、其卷三十六云、交趾郡南有都官塞浦、又引林邑記曰、浦通銅鼓、外越、安定、黃岡、心口、至蠻口、內通九眞浦陽、注云、蠻口馬援所鑿、所誌諸名、後二名可考、浦陽在九德郡內、九德約當今之乂安河靜二省之地、南抵橫山、九眞約當今之淸化、此都官塞浦旣在交趾郡南、可見其爲九眞九德通交趾之水道、質言之、安南北部通北圻之水道、不幸此外五名祇有一名可考、安定應爲定安之訛、余前已假擬其地在紅河與符離河之間、此外都官塞浦之名並見水經注卷三十七所引林邑記中、四五世紀時、北圻至淸化必有水路可通絕無可疑、此水道如同十一世紀以及今日之水道、皆從宋山江流入、經過兩山之間、初學記卷八引南越志曰、「馬援鑿通九眞山、又積石爲堤、以遏海波、由是不復過漲海、」蓋指此也、（太平寰宇記卷一七一、引廣州記之文大致相同、）則受水之山名曰鑿山、而神符門卽爲林邑記廣州記之鑿口矣、其路程大致爲定安鑿口九眞、質言之、符離河神符門淸化是已、此種水道似在中國侵略之時業已存在、馬援之鑿口與符離河遠古之時早已有之、而用以通航、今昔相同也。

玆將散見於中國古地誌留傳於今關係北圻平原水道之記載節述於下、此地之水道、自唐代以來、甚至自有史以來、皆少變化、雖有若干水道暫時淤塞、然亦無關重要、當時紅河兩岸已有消納其水之支流、其北有昔名漏水今名 Song Ca-lo、與昔名武定水今名 Song Cau 相通、以下又有昔名烏延水之急流河與太平江相接、更下又有竹河、雖不爲唐時地誌所著錄、然在唐代以後、航業極盛、再南則爲 Song Day 及符離河、可用水道以通清化、則北圻平原在唐代之時、或在有史時代、與今日之情形大致相同矣。

關於當時平原之戶口雖不無載籍可考、然解釋甚難、茲僅將中國載籍有唐一代之調查、表列如下（下註舊字者指舊唐書卷四一、元字指元和郡縣志卷三八、通字指通典卷一八四、太字指太平御覽卷一七一。）

	八世紀初年 戶	八世紀初年 口		開元時代 戶	
交州	一七五三二	八八七八八	舊	二五六九四	元
峯州	五四四四	六四三五	舊	三五六一	元
長州	與交州合計			六四八	元
共計	二二九七六	九五二二三		二九九〇三	

	七四二年 戶	口		八〇七年 戶	
交州	二四二三〇	九九六五二	舊	二七一三五	元
峯州	一九二〇	五一一〇	舊	一四八二	元
長州	六四八	三〇四〇	舊通太	缺	
共計	二六七九八	一〇七八〇二			

茲再將唐以前之調查表列於左、以供比較。

一世紀初	九二四四〇戶	七四六二三七〇口	前漢書卷二八下
三世紀末	二五六〇〇戶		晉書卷十五
六〇七至六一八年間	三〇五一六戶		隋書卷三一

唐時戶口之數太低、不能謂八世紀時北圻平原人口僅及十萬、後此吾人又可見其所載安南北部戶口亦復甚少、或者因調查之疏有以致之、然此問題複雜、余將別有研究、將在一種安南都護府諸地居民之綜合研究中、再爲討論云。

鈞按、此稿迄未經馬思伯樂續成、故僅以北圻爲限。

李陳胡三氏時安南國之政治地理

見遠東法國學校校刊一九一六年刊　馬思伯樂撰

安南地理之沿革、不特爲國人所未詳、卽越人亦數典而忘祖、余前曾將十五世紀以後安南省道之沿革試列爲表、後又將馬思伯樂所撰唐代安南都護府疆域考迻譯、此文研究唐以後至明設交趾布政司以前、質言之十世紀至十五世紀之沿革、亦爲馬思伯樂所撰、其足以補正宋元二史者不少、亦爲譯出、其中地名有難求其漢名者、仍著其羅馬字安南國語名、以待續考、文中所引之「全書」乃大越史記全書之省稱、年代悉用西曆、可取余前譯之越南歷朝世系對照、其中固不乏一年之差異者、蓋因所本史書之不同也。

馮承鈞附識

安南歷代史事之不明者、莫逾唐代廢安南都護以後、迄明代設交趾布政司以前、自十世紀迄十五世紀間之史事、安南正史若以中國載籍補正、固足以知其宮廷變幻與夫戰事陳跡、第若宗教行政經濟文學之歷史、總而言之、安南社會之全部生活、則因史料欠缺、昔無一人尋究及之。

此時代中之行政地理、爲一種尋究極稀之問題、不特其細節未能詳細闡明、而且無一正當概念、尤以陳氏一代爲甚、又不幸爲近代安南史家所淆亂、整理愈見困難、越史通鑑綱目固曾試將從前史書缺漏補正、然應簡單轉抄其可能參考之史籍如元史之類者、乃僅將史書中所見陳氏一代府路之名裒輯、加以尋常考證精神之欠缺、遂致造成一種欠缺一致之表錄、其間十三世紀初年與十四世紀末年之地名並列、種種區域不分府路、混而爲一、並將最重要之區域遺漏、綱目之諸路名稱如左。

一 天長路　　七 建昌路
二 龍興路　　八 洪路
三 國威路　　九 快路
四 江北路　　十 清化路
五 海東路　　十一 黃江路
六 長安路　　十二 演州路

此種名錄、余以爲毫無討論之價値、余將證明此種政治區分、在陳氏一代無論何時從未存在、後此可見天長龍興長安爲府而非路、國威路惟倡置於十四世紀之上半葉、至若黃江、乃李氏時代之地名也。

十世紀末年安南之行政區域、似仍如唐代、分爲六州、曰交州、亦稱都護府、曰峯州、曰長州、曰愛州、曰演州、曰驩州、州設刺史、一如中國統治之時、茲將散見於載籍之文、錄次於左、以明此六州之仍舊存在。

交州　越史略卷一、九七一年以劉某爲都護府。

峯州　越史略卷一、封弟之子爲禦蠻王居峯州、——又一〇〇〇年討峯州、——全書本紀卷一、宋史卷四八八、一〇〇七年遣峯州刺史明昶入貢於宋、——越史略卷一、一〇〇六年改峯州爲太平府。

長州　宋史卷四八八、文獻通考卷三三〇、九九〇年宋遣宋鎬使安南經長州而至華閭、——越史略卷二、一〇一〇年改華閭爲長安府。

愛州　越史略卷一、九八九年復取驩愛二州、　全書本紀卷一、一〇〇五年幸愛州、——又一〇〇九年鑿港築道於愛州、——越史略卷二、一〇一一年親征愛州。

演州 越史略卷二、一〇二二年征演州、——又一〇二六年命太子討演州。

驩州 宋史卷四八八、丁公著攝驩州刺史、公著死、子部領繼之、——全書本紀卷一、一〇〇三年幸驩州、——越史略卷一、一〇〇九年征驩唐何石等州、——全書本紀、卷二、一〇一〇年放驩州南界石河縣人歸本縣、——宋史卷四八八、一〇二九年遣驩州刺史李公顯入貢於宋。

唐代州名、祇有陸州改爲潮陽鎮、（宋史卷四八八、九九五年下著錄此名、越史略卷二、一〇二三年改潮陽鎮爲永安州、）然此時代又見有若干新名、例如今之快州府、昔用十二使君時代之藤州名稱、諸王之封地昔非州者、茲皆升爲州、如未久卽廢之古覽武瀧二州是已。

同時黎桓又用封建制度、分封諸子於各地、九九一年封皇四子釘爲禦蠻王居峯州、皇六子釿爲禦北王居扶蘭寨、九九二年封皇五子鋌爲開明王居藤州、九九三年封皇七子爲定藩王居五縣江(Song Cau)、皇八子鏘爲副王居杜洞江(Song Nhue或其一支流、)皇九子鏡爲中國王居末連縣(今慈廉、)九九四年封皇十子鋌爲南國王居武瀧州、九九五年封皇十一子鍉(卽郞明提)爲行軍王居古覽州(今慈山府境、)義兒爲扶帶王居扶帶鄉(今寧江府、)至其組織未識若何、合此八道(鈞按原文漏載一王、茲據全書卷一補入、)與昔之驩愛二州(今之乂安淸化二省、)都爲十道、似卽丁李二氏之地方區域、而在一〇〇二年廢止之十道也(全書卷一、一〇〇二年改十道爲路府州。)

檢安南史書李氏一代二百年間疆域名稱之沿革、頗多混淆、昔曾規仿唐宋之制、因種種原因名州曰府、卧朝王卽位之時(一〇〇六年、)以藤州爲其封地、升爲太平府(全書卷一、然越史略卷一則以升太平府者爲峯州、)一〇一〇年遷都大羅城、改華閭爲長安府、以李氏原籍地古法爲北京天德府(越史略卷二、)一〇一四年以南京(河內)爲應天府(越史略卷二、)旋又用宋制、升大州爲府、由是十一世紀末年、升驩州爲淸華府、(驩州最後見於越史略卷二之年爲一〇六一年、淸華府名最初見於全書卷三之年爲一一一一年）一一四一年全書（卷四）又著有富良府、此外舊州亦有未改府而改名者、如驩州在一〇三六年時改乂安州之例是已（全書卷二）。

然此種變化程序、設無嶺外代答一書、則頗難知之、此書成於十二世紀下半葉（一一七八年、）其卷二安南國傳誌有當時之安南行政區域地名、其文雖簡、然余以爲可以據之編訂一種李氏末年之安南政治地理表錄也、茲先轉錄其文如左。

「交阯本秦象郡、漢唐分置、已見於百粤故地首篇、境內僞置四府、十三州、三寨、府曰都護、大通、清化、富良、州曰永安、永泰、萬春、豐道、太平、清化、乂安、遮風、茶盧、安豐、蘇州、茂州、諒州、寨曰和寧、大盤、新安、大抵清化遮風乂安永安皆邊海、而永安與欽州爲境、茶盧與占城爲境、蘇州茂州皆與邕管爲境、其國東西皆大海、東有小江、過海至欽廉、西有陸路通白衣蠻、南抵占城、北抵邕管、自欽西南舟行一日至其永安州、由玉山大盤寨過永泰萬春、卽至其國都、不過五日、自邕州左江永平寨南行入其境機榔縣、過烏皮桃花二小江、至滴定江、亦名富良江、凡四日至其國都、乃郭逵師所出也、又自太平塞東南行過丹特羅江、入其諒州、六日至其國都。」一在尋究此種區域彼此如何隸屬以前、應先考訂其所在、其都護府及淸化府、吾人已知其爲唐時之交州及愛州。

富良府則爲一新名、府在富良江上、考越嶠書讀史方輿紀要等書所保存之十五世紀初年中國地圖、富良江卽爲河內對面及上流之紅河、越嶠書謂富良江在交州東關縣境內、亦名瀘江、上流接三帶縣之白鶴江、過府東下流通利仁縣之大黃江、而入於海、又據阮膺撰安南禹貢註解（此書成於一四三七年、一名輿地志）富良江爲如月江（Song Cau）、從太原流下、受 Song Ca-lo 水後、至北寧又與來自諒山之 Song Thuong 及急流河合爲太平江、又謂良江與硏、合爲太原、註云、良江卽富良江、硏山名也、則富良江有兩解矣、若以安南禹貢之說爲是、然吾人應憶及者、今日安南著作業已採用中國之說、而視富良爲紅河之一名也。

但余以爲阮膺之考訂、對於古代、實有其理由、而近代之考訂、蓋本於十五世紀中國人之一誤解、夫安南志略對於富良江雖無何種地理說明、然未以之與瀘江混而爲

一、且考昔日載籍對此二江已有分別、可取記載一〇七六年郭逵征安南之文證之、逵至安南邊境、頓兵思明（今寧明）七十日、命其將取高平附近之廣淵、召降安南官吏及蠻夷首領、頓兵時間既然如是之久、遂使安南人有準備之時間、後宋兵逾境至決里隘破安南之兵以後、進降機榔縣門州、（安南志略作文周、明置交趾布政司分其地爲上文下文兩縣、以屬諒山府、黎氏時併爲文淵州、迄於今日、）復由是進降溪峒（今七溪、）而至富良江、安南命李常傑領水陸軍拒之於此、時宋兵距交州不及三十里、因無船渡河、與常傑相持月餘、後常傑渡江襲擊、大敗、昭文宏眞二侯皆溺死、常傑退還南岸、逵亦不敢渡河、宋軍不服水土、死者十六、旋因安南納款、逵乃引還（參照續資治通鑑長編卷二七九、越史略卷二）

此距安南國都三十里之富良江、不能爲紅河、應爲如月江也、大越史記全書卷三郎言此役在如月江、其戰場應在今 Dap-cau 之西、諒山通道抵於江流之處、則十一世紀之富良江爲如月江、亦即今之 Song Cau 也、富良府應位置於此江之上、明代以來迄於今日名稱未改之富良縣境之中、此富良府當一一四一年時、曾爲僭號平王之中利所陷（全書本紀卷三、越史略卷三、誤置其事於一一三九年。）

大通府之位置較難確定、其名應出於大通步、不幸此大通步之所在未能知之、但其在十三世紀惠宗時代、李氏將亡之時、已甚著名、其地似甚重要、當時爭奪政權之人、數駐於此、一二一一年陳仲女赴京師、因陳忠嗣與杜廣戰於東朝門、乃泊於大通步（越史略卷三、）同年陳忠嗣沉太傅杜敬修於大通步、一二一三年陳嗣慶引軍入禁中焚甑橋、囘軍大通步、一二一四年北江（今北寧）阮嫩反、嗣慶發兵次大通步、築壘於義住、嗣慶將潘隣欲舉兵應嫩、謀泄、嗣慶斬於大通州（以上並見越史略卷三。）

此種史料雖然空泛、然可尋求大通步於距河內不遠之紅河右岸、顧當時既有大通州、應爲治理蠻夷首領之區域、則此大通府似同時距河內與山地不遠而在山西省內、Day 水右岸、所治之地、似爲黑河（李仙江）流域芒種所居地帶、而抵於哀牢國境也。

嶺外代答於此四府之外、又著錄有十二州之名。

(一)永安州 一〇二三年改潮陽鎭爲永安州(越史略卷二、)則其地爲唐之陸州、今 Along 灣迄內地蠻人居地一帶矣、嶺外代答謂自欽州舟行一日至州治、似在今之先安方面。

(二)永泰州 此州在自欽州赴河內途中、永安萬春兩州之間、疑在東朝境內。

(三)萬春州 在今至靈境內、太平江與北江(俗名急流河)匯流處附近。

(四)豐道州 未詳。

(五)太平州 在今興安省快州府內、此地之例與後來古法之例同、前朝升爲府者、後朝則降爲州、然此地之藤州舊名、李氏末年時卽已恢復矣。

(六)清化州

(七)乂安州 一〇三六年改驩州爲乂安州(全書卷二、)越史略卷二謂一一〇一年改驩州爲乂安府、疑誤、蓋李氏時乂安府名不見於越史略及全書之中、而驩州在一一〇一年已早改爲乂安州也、乂安之名今日尙存、是爲安南北部清化之南之一大省。

(八)遮風州　州瀕海、未詳。
(九)茶盧州　境接占城、在今廣平省內。
(十)豐安州　未詳。
(十一)蘇州茂州　應作蘇茂州、乃一州非二州、地接廣西、在今高平諒山邊境。
(十二)諒州　今諒山。
復次又有三寨。
(一)和寧
(二)大盤　在 Along 灣中。
(三)新安　今廣安。
謂當時之區域皆備於此歟、未也、山地中之諸羈縻州、僅見有北方之要州、而黑河紅河流域之州概未著錄、卽在平原之中、安南史籍所誌之數州、亦不見於此、然於補正此種缺點以前、必須說明李氏時代州之性質。
安南因襲中國州之二義、一方指刺史或知州所治之區域、此類區域先在郡之上、隋唐以來、與郡無別、其階級在道與縣之間、又一方面指蠻夷酋長所治之羈縻州、此外中國又因優崇待遇之故、以州名縣、由是安南州之種類有三。

(一)蠻地之州、歹種茫種酋長世襲之地、大者名州牧、小者名首領。

(二)蠻地之州同前、第因地域之分割、酋長之微弱、以安南知州一人領之、諸首領皆直接隸屬之、此類州在十二世紀中似已改名爲鎭。

(三)安南內地之州、與縣相等、然將其地位提高、而以知州一人治之、例如古州太平州之類是已。

職是之故、又安一州、越史略卷二、一二〇三年下、知州與州牧並見、而清化或富良或以府名、或以州名也、然第三種州乃爲例外、緣自此時迄於今日、祇有蠻地有州、平原之都護府有縣無州、而外府則有州無縣也。

若以嶺外代答之名錄與安南史籍之記載相比較、則見其爲名譽府州者祇錄有太平、又一方面雖審知北圻北部沿海及沿中國境之諸州、然於北圻西北紅河黑河流域、以及清化乂安內地之諸州、則一無所知焉。

檢全書及越史略、北圻平原尙著錄有數州、若快州（全書卷四、一二〇九年下、）洪州（同、）國威州（同一二〇八年下、）古州（越史略卷三、又全書卷二、一〇一〇年及一〇三四年下、又卷四、一一六一年下古法州、）武寧州（越史略卷二、又全書卷二、一〇四三年下及卷四、一二〇七年下、）藤州（越史略卷三、一二〇八年下、又全書卷四、一二〇九年下、）是已、顧藤州爲太平州之一別名、可以將其除外、前三州則始見於一二〇八及一二〇九年中、質言之、晚在嶺外代答成書以後、或者此書撰輯之時尙無此三州也、全書謂快洪爲州、似恐有誤、蓋越史略記述相同之事、僅名之曰快人烘人、而未名之曰州、而此時已成爲路也、黎文休之全書原文、此處必有改竄、蓋陳氏時全書作烘、而不作洪、顧黎朝時作洪、意者州號爲後來所改、而此二地雖在黎朝之時、仍保存明代組織之稱歟。

古州之名凡三見、始見於一〇三四年（越史略卷二全書卷二、）再見於一一六一年（全書卷四、）三見於一二〇九年（越史略卷三、）安南志略謂其地在北江、質言之、在今紅河左岸北寧省內、顧全書亦名之曰古法州、則應爲李氏發源之古法村、然其地在李氏時爲天德府、而非一州、似在陳氏時廢天德府而名之曰古州矣、又考本紀實錄卷二、一四四八年黎仁宗命太尉黎可往古州迎法雲佛像、詣京城報天寺、古州下註云、社名、黎貴惇撰見聞小錄卷四、亦著錄有古州鄉、由是觀之、此處所指者、乃爲今名定邦村之州名矣、武寧州凡兩見於史籍、越史略卷二云、一〇五九年「王蒐於諒州南平江、因幸駙馬申景元第、造崇嚴報德寺於武寧州、」全書卷二云、一〇四三年「帝幸武寧州松山古寺、」則其州距都城必不甚遠、按隋代以前有武寧縣（晉書卷十五、）陳氏時亦有一武寧縣、皆在北寧省內、今日尚有一山名武寧山、其州號或者因其爲唐以前之州治、抑因其爲十二使君時武寧州之遺跡（通鑑長編紀事本末卷十二、）蓋昔之安南人、於誤認龍編爲河內以前、已曾視其爲仙州、而不以之爲武寧州也（安南志略卷一。）

至若不在安南內地而在歹種或占種居地之諸州、史載州名不少、此處無暇列舉、將於研究安南治理蠻地及屬地之全部政策時、再予說明。

根據以前之說明、似不難解釋嶺外代答之府州名錄、而將李氏一代之行政區域考訂、其中部及東部、仍爲唐代都護府之區域、連同其府治之河內、其疆域自 Song Ca-lo 水與 Day 水而達於海、紅河流經於其中、其惟一之變化、則在唐代之大縣分爲多數小縣、其間有若干縣亦名曰郡（越史略卷二有嘉林郡、）雖名曰郡、而實爲縣也、古之交州雖無多變化、然峯州陸州則反是、安南政府在此類地域之中、仍因襲中國之舊政策、仍以歹種世襲首領治理各州、然常干涉其地方事務、同時又以公主下嫁其首領、而羈縻之、諸羈縻州之上、又以安南官吏一人領之、與中國統治時代無異、然安南人分配領地之方法、所本之原則、完全與中國之原則不同、北江富良大通三府之分置、似適應歹種部落之固有分配、北江所管者、爲自諒山而達於海之舊黄種部落、富良所管者、爲紅河黑河與夫太原境內之白歹、大通所管者爲黑歹、與黑河流域及繖圓山中之芒種、至在平原以外、安南北部、則設清化府、其南之演州、又安州、及其西達於哀牢國境之諸歹州、皆隸屬焉、余說固不乏假定、然李氏末年政治地理之大概、似如是也。

然此尙未盡也、安南諸主復於此仿唐制而不大變的組織之上、又仿中國分其國爲道、唐分全國爲十道、丁先皇（部領）亦分全國爲十道、此制於國小若安南者、無甚功用、所以一〇〇二年時、黎大行（桓）廢十道、仿宋制而設諸路、其初有若干路、未詳其數、至一二二三年、則知有二十四路（全書卷四）、數路隸一府路、每府路置經略司、或府路司、李氏時此種組織之詳情未能知之、越史略且數言其時有道、亦不知其何所指、卽若諸路、吾人亦不能全舉其名、抑考訂其地也。

陳氏初年（一二二九年）改府路司、置安撫使（全書卷五）、一二四二年、「分命文臣任天下諸府路凡十二處、府有知府、路有通判、州有漕運使副、主漕運」（全書卷五）似當時之路省爲十二矣。

十三世紀末年、黎崱所撰之安南志略卷一中、列舉陳氏時之府路十五、雖亦有欠缺、然較之嶺外代答則明確多矣、此十五府路、北圻平原有五、山地有六、安南北部有四、茲依安南志略、參以元史卷六三、及越嶠書卷一、列舉如下。

北圻平原諸路。

（一）大羅城路　今河內及瀘江（紅河）右岸、自 Day 水抵於寧平。

(二)北江路　今河內對面、紅河北岸、北江兩岸。

(三)南册江路　今廣安、建安、東朝。

(四)快路　今興安。

(五)烘路　今海陽。

北圻高原六路。

(六)如月江路　李氏時之富良府、Yên-thê、及太原。

(七)沱江路　今興化。

(八)歸化江路　今黑河流域。

(九)宣化江路　保樂、北洴。

(十)諒州路　今諒山。

(十一)大黄路　今 Nhô-quan、或者並有寧平。

安南

(十二)清化府路　今清化省。

（十三）演州路　今演州府。

（十四）乂安府路　今乂安河靜二省。

（十五）布政州路　今廣平省。

安南史籍尙誌有十三四世紀之其他路名、然余不知其是否相類之路、要爲府路及分路之簡稱、安南載籍雖無分路之稱、一二八二年元征安南、興道王奉命調海東雲茶巴點等路軍民爲前鋒、此種路必爲分路、一二九二年以陳時見爲安康路安撫、似亦然也（全書卷五）此事見於黎崱之時、而安南志略不著其名、可以證已、一二四六年定諸軍以長安建昌等路爲聖翊神策、應亦爲分路、緣當時府路祇有十二也（全書卷五、）一三七五年改驩州爲日南乂安南北中等路、亦似分路（全書卷七、）此外應有新設之路、如十四世紀上半葉分大羅城路之國威州置國威路、其一例也。有時設經略使以領諸路、一三一三年以安撫使杜天覰爲經略史、經略乂安臨平（全書卷六、）其一例也、知府知州亦有名大知府大知州者、一三六六年占人寇臨平、府官范阿窻擊敗之、授阿窻臨平府大知府、行軍守禦使（全書卷七、）一三九六年以胡綱爲演州路大知州、鄧思成判州事（全書卷八。）

一三九六年前似已改路爲鎭，可以下文證之。全書卷八云、「夏四月改清化鎭爲清都鎭、國威鎭爲廣威鎭、沱江鎭爲天興鎭、乂安鎭爲臨安鎭、長安鎭爲天關鎭、諒江鎭爲諒山鎭、演州鎭爲望江鎭、新平鎭爲西平鎭、罷大小司社、大撮管甲、仍依舊制。」此八鎭、沱江諒江清化演州乂安仍沿舊路之名、長安卽大黃路、新平卽布政州路、祇有國威爲新置。

同年、「定外任官制、路置安撫使副、府置鎭撫使副、州置通判僉判、縣置令尉主簿、以管之、路統府、府統州、州統縣、凡戶籍錢穀獄訟總爲一路之簿、歲季報省、以憑稽考、又置都督都護都統總管府太守司以轄。」

當時之行政區域如左。

北圻平原五府路。

（一）東都路都護府　今河內。

（二）北江路都統府　今北寧及北江。

(三)三江路都統府　今山西。

(四)天長府路　今南定、太平、興安。

(五)新安府路　今廣安及東朝。

北圻高原四鎮。

(六)廣威鎮　舊國威。

(七)天興鎮　舊沱江。

(八)天關鎮　舊長安、今寧平。

(九)諒山鎮　舊諒江、今諒山。

安南高原四鎮。

(十)清都鎮　今清化。

(十一)望江鎮　今演州。

(十二)臨安鎮　今乂安。

(十三)西平鎮　舊新平、今廣平。

一四〇二年敗占城、因分其地爲升華思義四州、置升華路安撫使副以轄之（全書卷八。）

一四〇六年明朝取安南、又將行政區域重新分配、黎氏獨立、多採胡氏舊制、兼用明代新法、北圻仍爲五省、中爲山南（河內、）北爲京北（北寧、）西爲山西、南爲海陽、東爲安邦（廣安、）其餘諸地、僅名稱略有變更、惟將全國地方制度統一、北圻及其餘區域、遂無待遇不同之制矣。

安南省道沿革表

越南近代地誌、國人鮮有知者、自其所謂安南國語流行以來、漢文幾廢、檢閱西人所撰安南史地圖書、非諳悉安南方言、頗難覆考原名、余久擬將其古今地名裒輯、仿前撰西域地名之例、以羅馬字國語與漢文名稱相對照、然輒苦所見安南載籍甚少、調查匪易、茲先將最近五百年來省道地名曁其沿革、分代表列、嗣後更有所得、當續成之。

明代棄交趾後、黎利建後黎朝、分全國爲五道兩都十九路鎭、東都曰昇龍（Thang-long）、西都曰藍山（Lam-son）。

表一

道名	路鎭名	安南國語名
北道	諒江	Lang-giang
	北江	Bac-giang
	太原	Thai-nguyen

道	地名	譯音
西道	宣光	Tuyen-quang
	興化	Hung-hoa
	嘉興	Gia-hung
	三江	Tam-giang
東道	安邦	An-bang
	洪策上	Hong-sach
	洪策下	Hong-sach
昇龍	廣德	Quang-duc
	永昌	Vinh-xuong
南道	蒞仁	Li-nhan
	快州	Khoai-chau
	新興	Tan-hung
	建昌	Kien-xuong
	天長	Thien-truong

海西道	
淸化	Thanh-hoa
乂安	Nghe-an
新平	Tan-binh
順化	Thuan-hoa

、以上爲一四二八年之建置、至一四六六年時、復劃全國爲十二道、廢路鎭代以府州、改東都爲中都府、一四六九年又改國威爲山西、改中都府爲奉天府。

表二

原路鎭	一四六六年所改道名	一四六九年所改道名
諒江	諒山 Lang-son	諒山
北江	北江	京北 Kinh-bac
太原	太原	寧朔 Ninh-soc
宣光	宣光	宣光
興化、嘉興	興化	興化

三江	國威 Quoc-oai	山西 Son-tay
安邦	安邦	安邦
洪策上、洪策下	南策 Nam-sach	海陽 Hai-duong
昇龍	中都府 Trung-do phu	奉天府 Phung-thien phu
澁仁、快州、新興、建昌、天長	天長 Thien-truong	山南（山南上、山南下） Son-nam
清化	清化	清化
乂安	乂安	乂安
新平、順化	順化	順化

一四七一年黎聖宗敗占城、略其地設廣南道、共爲十三道、一四九〇年改道爲處。

表三

原名	一四九〇年之十三處	一五〇九至一五一六年間之十三道
諒山	諒山	諒山
京北	京北	京北
寧朔	太原	太原
宣光	宣光	明順 Minh-thuan
興化	興化	興化
山西	山西	山西
安邦	安邦	安邦
海陽	海陽	海陽
奉天府	中都府	中都府
山南	山南	山南
淸化	淸化	淸化
乂安	乂安	乂安
順化	順化	順化
（占城地）	廣南 Quang-nam	廣南

嗣後安南國勢向南發展、一六一一年設富安府、一六五三年設太康營、一六九七年設平順府、一六九八年設鎮邊營及嘉定府、一七一四年設河仙鎮、按河仙一地爲粤人鄭玖鄭天賜父子所開拓、(一七三五至一七三九年間、天賜撰有河仙十詠、)其領地南至越南半島之南端、西迄暹羅灣、至是併入安南。

一七二三年時復改十三處爲十三道、廣南道以南、則於一七三二年升定遠州爲龍湖營、一七五三年設長屯道、一七五七年設朱篤道。

阮氏統一全國、十九世紀初年嘉隆(一八〇二至一八一九)重分全國爲二十四鎮四營二城、明命(一八二〇至一八四〇)復改爲三十省。

表四

原名	一七二三年之十三道	嘉隆時代之行政區域
諒山	諒山	諒山
京北	京北	京北
太原	太原	太原 高平 Cao-binh

明順	宣光	宣光
興化	興化	興化
山西	山西	山西
安邦	安廣 An-quang	安廣
海陽	海陽	海陽
中都府	中都或昇龍或奉天	昇龍或懷德府 Hoai-duc
山南	山南	山南上 山南下
清化	清華	清平道 Thanh-binh dao 清華鎮 Thanh-hoa tran
乂安	乂安	乂安
順化	順化	廣平廣治廣德三營 Quang-binh, Quang-tri, Quang-duc.
廣南	(見第七八九表)	

表五

原名	明命時代之三十省	一八八六年之省
諒山	諒山	諒山
京北	北寧 Bac-ninh	北寧
太原	太原	太原
高平	高平	高平
宣光	宣光	宣光
興化	興化	興化
山西	山西	山西
安廣	廣安 Quang-yen	廣安
海陽	海陽	海陽
昇隆	河內城 Hanoi	河內
山南上	河內	河內
山南下	南定 Nam-dinh	南定
(分山南上下)	興安 Hung-yen	興安

清平	寧平 Ninh-binh	寧平
清華	清華	清化
乂安	乂安	乂安
	河靜 Ha-tinh	河靜
廣平	廣平	廣平
廣治	廣治	廣治
廣德	承天府 Thua-thien	承天府

現在屬於北圻者二十一省四軍區一城、屬於安南本部者十省一府、屬於南圻（Cochinchine）者十六省三區一城。

表六

原名	現在省區
諒山	諒山
北寧	北江 Bac-giang
	北寧

太原
- 太原
- 北泮 Bac-kan
- 永安 Vinh-yen

高平
- 高平 第二軍區

宣光
- 宣光
- 河江 第三軍區 Ha-giang

興化
- 安沛 Yen-bay
- 萊州 第四軍區 Lai-chau (Muong-muoi) 芒每
- 山羅 Son-la
- 和平 Hoa-binh
- 牢該 Lao-kay

山西
- 富壽 Phu-tho
- 山西

第一軍區

舊省	今省
廣安	海寧 Hai-ninh
	廣安
海陽	海陽
	建安 Kien-an
	海防城 Hai-phong
河內	河內城
	河東 Ha-dong
興安	興安
南定	太平 Thai-binh
	南定
寧平	寧平

以上屬北圻

舊省	今省
清化	清化
乂安	乂安
河靜	河靜

廣平	廣平
廣治	廣治
承天	承天 Hué (Thua-thien)

以下皆屬十七世紀初年以後開拓之疆域。

表七

十七八世紀之區域		嘉隆時代之區域
廣南營	奠磐府 Dien-ban	廣南鎮
	升華府 Thanh-hoa	
	廣義府 Quang-ngai	廣義鎮
	歸仁府 Qui-nhon	平定鎮 Binh-dinh
	富安府 Phu-yen	富安鎮
太康營 Thai-khang		平和鎮 Binh-hoa
平順府 Binh-thuan		平順鎮
鎮邊營 Tran-bien		邊和鎮 Bien-hoa

以上屬安南

嘉定府 Gia-dinh	嘉定鎮 嘉定城
長屯道 Truong-don	定祥鎮 Dinh-tuong
定遠州 Dinh-vien 龍湖營 Long-ho	永清鎮 Vinh-thanh
朱篤道 Chau-doc	朱篤道
河仙鎮 Ha-tien	河仙鎮

表八

原名	明命時代	一八八六年
廣南	廣南	廣南
廣義	廣義	廣義
平定	平定	平定
富安	富安	富安
平和	慶和 Khanh-hoa	慶和

平順	平順	平順	以上屬安南
邊和	邊和	柴棍	邊和縣
			婆呲縣 Ba-ria
			首油沒縣 Thu-dau-mot
			西寧縣 Tay-ninh
嘉定鎮城	嘉定		嘉定縣
			柴棍縣 Saigon
定祥	定祥	美湫	帘驫縣 Cholon
			堰公縣 Go-gong
			新安縣 Tan-an
			美湫縣 My-tho
永淸	永隆 Vinh-long	永隆	濅㭉縣 Ben-tre
			永隆縣
			沙的縣 Sa-dec
			茶榮縣 Tra-vinh

朱篤	安江 An-giang	白沙？ Bassac	朔莊縣 Soc-trang
			北遼縣 Bac-lieu
			瀝架縣 Rach-gia
			芹苴縣 Can-tho
			龍川縣 Long-xuyen
			朱篤縣
河仙	河仙		河仙縣

表九

原名	現在省區	原名	現在省區	
廣南	廣南省	平定	平定省	
廣義	廣義省	富安		
慶和	慶和省	平順	平順省	以上屬安南
邊和	邊和省	婆哋	婆哋省	
首油沒	首油沒省	西寧	西寧省	
嘉定	嘉定省	柴棍	柴棍城	

帮𩕳　帮𩕳城
新安　新安省
𤅶椥　𤅶椥省
沙的　沙的區
朔莊　朔莊省
瀝架　瀝架省
龍川　龍川省
河仙　河仙區

堀公　堀公區
美湫　美湫省
永隆　永隆省
茶榮　茶榮省
北遼　北遼省
芹苴　芹苴省
朱篤　朱篤省

中華民國二十九年七月初版

㊥(91448D)

㊥西域南海史地考證譯叢四編一册

每册實價國幣壹元
外埠酌加運費匯費

譯述者　馮承鈞
編輯者　中華教育文化基金董事會編譯委員會
發行人　王雲五　長沙南正路
印刷所　商務印書館
發行所　商務印書館　各埠

H一三九七上

(本書校對者鮑嘉祥)